ACCESO GRATIS a la Lectura en la Nube

Para visualizar el libro electrónico en la nube de lectura envíe junto a su nombre y apellidos una fotografía del código de barras situado en la contraportada del libro y otra del ticket de compra a la dirección:

ebooktirant@tirant.com

En un máximo de 72 horas laborales le enviaremos el código de acceso con sus instrucciones.

La visualización del libro en **NUBE DE LECTURA** excluye los usos bibliotecarios y públicos que puedan poner el archivo electrónico a disposición de una comunidad de lectores. Se permite tan solo un uso individual y privado

MANUAL DE CRIMINOLOGÍA CLÍNICA APLICADA

Perfil de peligrosidad criminal y perfiles criminológicos

Procedimiento de selección de originales, ver página web:
www.tirant.net/index.php/editorial/procedimiento-de-seleccion-de-originales

MANUAL DE CRIMINOLOGÍA CLÍNICA APLICADA

Perfil de peligrosidad criminal y perfiles criminológicos

JOSÉ MARÍA OTÍN DEL CASTILLO

tirant lo blanch
Valencia, 2026

DIRECTOR DE COLECCIÓN
Vicente Garrido Genovés

EDITA: TIRANT LO BLANCH
C/ Artes Gráficas, 14 - 46010 - Valencia
TELFS.: 96/361 00 48 - 50
FAX: 96/369 41 51
Email: tlb@tirant.com
www.tirant.com
Librería virtual: www.tirant.es
DEPÓSITO LEGAL: V-707-2026
ISBN: 979-13-7021-831-7
MAQUETA: Disset Ediciones

Índice

Prólogo

La Criminología ha existido prácticamente desde siempre, pero fue a finales del siglo XIX y principios del XX cuando, en España, comenzó a desarrollarse como disciplina científica organizada. Influida por corrientes europeas como el positivismo, planteó al delincuente como objeto de estudio empírico y biológico.

En nuestro país se crearon entonces los primeros institutos de criminología y grupos de trabajo que marcaron el inicio de una institucionalización académica del estudio del delito y la desviación. Durante buena parte del siglo XX la disciplina continuó evolucionando, aunque con limitaciones metodológicas y un reconocimiento tardío dentro de la formación universitaria reglada. Inicialmente como título propio, más tarde como licenciatura de segundo ciclo y, finalmente, como grado universitario.

La criminalística —entendida como el conjunto de técnicas forenses aplicadas a la investigación del hecho delictivo y al estudio del indicio— también fue ganando terreno en España como complemento indispensable de la criminología. En las últimas décadas, el desarrollo de dichas técnicas, junto con su integración en la psicología criminal, la victimología y el análisis del comportamiento, ha permitido avanzar hacia una aproximación más científica al fenómeno criminal. Estas transformaciones se han visto favorecidas por la creación de titulaciones universitarias en criminología y por especializaciones académicas en criminalística y ciencias forenses.

En este contexto surgió la Sociedad Española de Criminología y Ciencias Forenses (SECCIF), una asociación sin ánimo de lucro cuyo objetivo es "promover el desarrollo del conocimiento y su divulgación en materia de criminología y ciencias forenses". SECCIF nace, crece y se mantiene gracias al esfuerzo de profesionales comprometidos con la formación, la investigación y la práctica profesional más allá de lo exigible.

Gracias a su labor, SECCIF —y dentro de ella, José María Otín— ha contribuido a estructurar la disciplina en España, a facilitar el intercambio científico entre criminólogos, psicólogos, miembros de los cuerpos y fuerzas de seguridad del Estado y forenses, y a dar visibilidad a la criminología y a la criminalística como parte esencial del análisis del delito. Y entre ellos, desde el principio, se encontraba José María Otín del Castillo.

Hablar de José María Otín del Castillo es hablar de rigor, pasión y compromiso con la verdad científica. José María es psicólogo, criminólogo y un policía profundamente entregado a su trabajo. Quienes hemos tenido la fortuna de conocerle —como compañero, docente, investigador o amigo— sabemos que detrás de cada uno de sus proyectos late una vocación de servicio y una curiosidad intelectual insaciable. Su obra, siempre impregnada de rigor y humanidad, combina la experiencia práctica del investigador con la visión analítica del académico y con el sentido ético del profesional que ha hecho de la criminología y de su actividad diaria no solo una disciplina, sino una forma de entender el comportamiento humano en toda su complejidad.

Durante más de tres décadas, José María ha desarrollado una carrera ejemplar en el ámbito de la investigación criminal, participando activamente en unidades de delincuencia especializada y violenta, así como en el estudio de la conducta delictiva desde una perspectiva psicológica y criminológica. Su trayectoria en la Policía Nacional ha sido ejemplar, y su vinculación con instituciones académicas de prestigio —como la Universidad de Salamanca, la UNED, la Universidad Rey Juan Carlos o la Universidad de Valencia— le ha permitido tender sólidos puentes entre la práctica y la teoría, entre la realidad del delito y su comprensión científica.

Su labor docente, investigadora y divulgadora ha dejado una huella profunda en generaciones de estudiantes, profesionales e investigadores que han encontrado en él a un maestro cercano, exigente y generoso; un docente que enseña desde la experiencia y el respeto por el conocimiento. No es casual que quienes se acercan a sus clases o a sus escritos descubran una forma distinta de mirar la criminología: con mente abierta, método claro y sensibilidad hacia la dimensión humana del fenómeno criminal. Pero, sobre todo, desde la experiencia de un profesional que vive su trabajo con pasión, empeñado cada día en hacerlo mejor, con más rigor, más formación y más conocimiento.

Este libro, fruto de años de actividad profesional, reflexión, lectura y práctica, encarna la madurez intelectual de su autor. Nace como un desafío académico más, pero trasciende lo meramente académico para convertirse en una aportación esencial a la Criminología Clínica contemporánea. En sus páginas se encuentra no solo el esfuerzo por sistematizar una disciplina necesitada de estructura metodológica, sino también la vocación por dotarla de alma, de propósito y de herramientas que ayuden a comprender mejor los matices de la peligrosidad criminal.

José María Otín del Castillo no escribe desde la distancia del teórico, sino desde la experiencia del que ha mirado el crimen cara a cara, del que conoce sus mecanismos, sus escenarios y, sobre todo, sus consecuencias humanas. Por eso esta obra es, al mismo tiempo, rigurosa y cercana, técnica y profundamente ética. En ella se refleja su inconfundible estilo: el del profesional que investiga, enseña y escribe con la misma pasión con la que vive.

Estoy convencido de que este trabajo marcará un antes y un después en el estudio y la aplicación de la Criminología Clínica. Pero más allá de su valor científico, constituye también un testimonio de la integridad, la constancia y la excelencia de su autor. Y es, sobre todo, una invitación a seguir aprendiendo de quien ha hecho de la búsqueda del conocimiento una forma de vida.

José María, muchas gracias por tu trabajo, por tu conocimiento, por tu generosidad al compartirlo con todos nosotros y por permitirme tener el honor de prologar esta obra.

Seguiremos coincidiendo en los foros más inquietos y comprometidos de esta ciencia: nuestra querida criminología.

Dr. Aitor Curiel López de Arcaute
Presidente de la Sociedad Española de Ciencias Forenses

Prefacio

La presente obra surge como respuesta a un desafío planteado al autor con motivo de la encomienda de impartir la asignatura "Perfiles avanzados de peligrosidad criminal" en el Máster Universitario en Perfiles Avanzados de Peligrosidad Criminal de la Universidad Rey Juan Carlos, en cuyo claustro de profesores tiene el honor de participar como colaborador externo.

Aceptar este reto supuso la tarea de actualizar y profundizar en una disciplina tan sugestiva como poco explorada: la Criminología Clínica. La revisión sistemática de la literatura científica realizada para elaborar el temario de la asignatura permitió constatar dos hechos de especial relevancia: por un lado, la escasez de publicaciones recientes sobre la materia; por otro, la ausencia de una metodología estructurada, rigurosa y aplicable que vertebre el eje central de la Criminología Clínica. La mayor parte de los textos revisados se limitan a sentar sus bases y fundamentos teóricos, pero sin avanzar en su desarrollo metodológico ni en la configuración de su producto final: el perfil de peligrosidad criminal.

Asimismo, el alumnado —tanto en este como en otros programas universitarios en los que el autor imparte docencia— manifiesta de forma reiterada su interés por la técnica del perfilado criminológico. La dispersión del corpus de conocimiento en distintas metodologías y escuelas, a menudo enfrentadas entre sí, genera confusión en los estudiantes, quienes con frecuencia tienden a asimilar el perfil de peligrosidad criminal al perfil criminológico. Esta circunstancia inspiró la inclusión, en el presente manual, de una sección específica dedicada al perfilado criminológico que ofrezca en un único volumen una panorámica actualizada de los principales métodos, sus técnicas, aplicaciones y críticas, de modo que el lector pueda orientar su interés hacia aquella o aquellas perspectivas que considere más adecuadas sin necesidad de acudir a múltiples fuentes especializadas.

El texto incorpora varias aportaciones originales que pretenden cubrir el vacío científico detectado. En primer lugar, se propone un método de elaboración de perfiles de peligrosidad criminal riguroso, transparente y completo, concebido para ser replicable y auditable en contextos académicos y profesionales. En segundo lugar, se introduce un procedimiento para el cálculo del umbral delincuencial, con el fin de aportar una herramienta operativa que permita medir de manera más precisa la frontera entre la potencialidad y la efectividad del comportamiento criminal. Finalmente, se integra en un mismo manual la técnica del perfil de peligrosidad criminal con la del perfil criminológico, configurando un maridaje inédito en la literatura académica y práctica, que busca enriquecer la comprensión y aplicación de ambas perspectivas.

En definitiva, este trabajo pretende ofrecer una visión completa y actualizada de la Criminología Clínica, junto con instrumentos metodológicos útiles para la investigación, la docencia y la práctica profesional. La obra está concebida con vocación tanto académica como aplicada, y aspira a convertirse en una herramienta de referencia tanto para la formación académica como para la práctica profesional en Criminología, Psicología, Ciencias de la Seguridad y el ámbito jurídico.

Introducción

La presente obra constituye una aportación singular en el ámbito de la Criminología Clínica y de la investigación criminal, al integrar en un mismo manual dos técnicas distintas pero complementarias: el perfil de peligrosidad criminal y el perfil criminológico. Se dirige principalmente a estudiantes y profesionales de la Criminología, Psicología y disciplinas afines, y tiene como propósito ofrecer al lector una visión sistemática, crítica y aplicada de ambos enfoques, distinguiendo sus fundamentos, metodologías y finalidades, al tiempo que se introducen innovaciones que refuerzan su valor científico y su utilidad profesional.

Entre las aportaciones originales destacan la propuesta de un método riguroso, transparente y replicable para la elaboración de perfiles de peligrosidad criminal; la formulación de un modelo operativo para el cálculo del umbral delincuencial, que permite establecer con mayor precisión la frontera entre la potencialidad y la efectividad del comportamiento criminal; y la síntesis en un solo manual de las principales metodologías de perfilado criminológico, desde las aproximaciones inductivas y deductivas hasta los enfoques geográficos, estadísticos y basados en evidencia. A ello se suma la reflexión sobre la incorporación de tecnologías emergentes, en especial la inteligencia artificial, y sus implicaciones en términos de oportunidades, riesgos y garantías.

La estructura del texto refleja esta vocación integradora. Así, la primera parte del manual está dedicada a la Criminología Clínica. El capítulo inicial aborda sus fundamentos teóricos, raíces históricas, desarrollo y críticas, situándola en el marco de la criminología aplicada contemporánea. El segundo capítulo se centra en el constructo de personalidad criminal, definiendo con precisión el concepto de personalidad criminal en el contexto psicológico aplicado. El tercer capítulo aborda el concepto central de peligrosidad criminal, presentando sus elementos integradores, su carácter polémico y el cambio de paradigma consecuencia de este. Continúa con el capítulo cuarto, donde se describen con precisión los rasgos de la personalidad criminal, importantes variables básicas para la elaboración del perfil de peligrosidad criminal, que se desarrolla a lo largo de los capítulos quinto, sexto y séptimo. En ellos se analizan cuestiones esenciales como criminogénesis y criminodinamia, factores criminógenos y protectores, se describen los medios y técnicas necesarios y se propone un método riguroso y verificable diseñado por el autor, detallando su estructura y contenidos, e ilustrando su aplicación mediante un caso práctico.

Como anexo al capítulo séptimo se introduce el modelo para el cálculo del umbral delincuencial, herramienta innovadora que integra capacidad criminal, adaptabilidad social y activantes situacionales mediante criterios objetivos de decisión.

La segunda parte del manual se centra en la perfilación criminológica. El capítulo octavo introduce conceptos básicos y un recorrido histórico por el desarrollo de la técnica y sus principales enfoques, destacando sus hitos principales. En el capítulo noveno se profundiza en las distintas metodologías aplicadas al perfil criminológico, describiendo sus presupuestos básicos, procedimientos y aplicaciones. En el capítulo décimo se tratan cuestiones de actualidad y relevancia para este ámbito, como los problemas abiertos de la técnica. El capítulo undécimo ofrece una guía para la elaboración de perfiles criminológicos y se propone un modelo metodológico aplicable a la práctica real. Por último, en el capítulo duodécimo y final se diferencia con claridad el perfil de peligrosidad criminal del perfil criminológico, y se aporta una reflexión final sobre perspectivas futuras de ambas técnicas, integrando las tendencias emergentes y su implementación tecnológica, señalando los riesgos y desafíos derivados de ello.

PARTE I
CRIMINOLOGÍA CLÍNICA

Cap. 1

Criminología Clínica: fundamentos teóricos

La Criminología es la ciencia empírica e interdisciplinar que tiene por objeto el crimen, el delincuente, la víctima y el control social del comportamiento delictivo; y que aporta una información válida, contrastada y fiable sobre la génesis, dinámica y variables del crimen (contemplado éste como fenómeno individual y como problema social, comunitario), así como sobre su prevención eficaz (García-Pablos, 2014). La Criminología Clínica se configura como un ámbito específico de la Criminología que centra su análisis en el sujeto infractor y no únicamente en el delito cometido. Su propósito es comprender los factores personales y sociales que inciden en la conducta antisocial, con el fin de elaborar diagnósticos precisos, estimaciones de riesgo y propuestas de intervención. Para ello, recurre a aportaciones de disciplinas como la Psicología, la Psiquiatría, la Sociología y el Derecho.

1.1. CONCEPTO Y PRESUPUESTOS BÁSICOS

La denominación de "clínica" deviene del latín *Clinicus*, "propio del enfermo": "*Ejercicio práctico de la medicina relacionado con la observación directa del paciente y con su tratamiento*". Por analogía, la Criminología Clínica tiene por objeto formular una opinión sobre un delincuente, que incluye un diagnóstico, un pronóstico y eventualmente un tratamiento (Rodríguez Manzanera, 1993). Significa por tanto la plena aplicación a la Criminología del espíritu médico, tomando su metodología.

Comenzó a utilizarse con el positivismo criminológico del siglo XIX, haciendo énfasis en el estudio individualizado del delincuente y las causas de su comportamiento. Han sido muchos los autores que se han ocupado de la definición de la Criminología

Clínica, como Ingenieros, De Tullio, Wolfang y Ferracuti, o Rodríguez Manzanera.

Modernamente, podemos encontrar diversas formulaciones del concepto. Así, Sánchez (2013) la define como "*la ciencia interdisciplinar que estudia al delincuente en forma particular a fin de conocer la génesis de su conducta delictiva y aplicarle un tratamiento personalizado, procurando su reinserción en la sociedad*". Desde este enfoque, se considera el delito como "conducta anormal patológica" de una personalidad conflictiva, con una determinada problemática de violencia. Contribuye al conocimiento de los delincuentes y los individuos socialmente peligrosos mediante el estudio de la personalidad criminal y antisocial y del medio ambiente social criminógeno.

Herrero (2012) indica que la Criminología Clínica está constituida por "*el conjunto de conocimientos científicos multidisciplinares, unificados por una orientación común: la de ser aplicados al delincuente individual, con el fin de indagar, con método gnoseológicamente riguroso, el origen y constancia de su comportamiento criminal, haciendo posible, con ello, la programación bien fundada y el ofrecimiento, en su caso, de un tratamiento personalizado, destinado a su rehabilitación y reinserción social*".

Para una mejor comprensión del concepto y enfoque de la Criminología Clínica debemos tener en cuenta algunos presupuestos básicos:

- *No existen crímenes, sino criminales.* No hay dos delitos exactamente iguales, aunque tengan idéntico resultado, porque su comisión se ve siempre afectada por distintos factores de variabilidad individual.
- *Consideración del hombre como entidad bio-psico-social.* Este enfoque se usa para entender que el delito no es solo resultado de decisiones individuales o condiciones sociales aisladas, sino de una interacción compleja entre biología, psicología y entorno social. Por ejemplo, un comportamiento delictivo puede surgir de una predisposición biológica (impulsi-

vidad heredada), una estructura de personalidad antisocial (psicológico), y una crianza negligente o entorno delictivo (social). Esta perspectiva evita reduccionismos (como ver al delincuente solo como "enfermo" o solo como "víctima del sistema") y promueve intervenciones más individualizadas y eficaces, como las que propone la criminología clínica.

- *Utilidad en la administración de justicia.* Supone una herramienta de aplicación práctica aportando información valiosa a varios niveles: legislativo (para la elaboración de leyes y normas), judicial (para el enjuiciamiento de los delitos) y ejecutivo (para una mejor aplicación de las penas).
- *Uso del método inductivo y la metodología clínica,* a través de los procesos de observación (en el que se efectúa el examen médico-psicológico y la encuesta social), interpretación (realizando el diagnóstico criminológico, el pronóstico social y el programa de tratamiento individualizado) y experimentación (poniendo en práctica el programa de tratamiento y efectuando un seguimiento de este).
- *Distinción entre criminogénesis y criminodinámica.* Ambos son procesos diferenciados que deben ser analizados y contextualizados a nivel concreto e individual, suponiendo la distinción entre aquellas causas y factores que dieron origen al delito estudiado y a su forma específica de producción.
- *Multidisciplinariedad.* Integra distintas disciplinas científicas como la biología, la medicina o la psicología.
- *La Criminología Clínica NO es una disciplina autónoma de la Criminología general.* Es un error entenderla como tal, por cuanto supone un enfoque particular y aplicado respecto al objeto central de la Criminología.

1.2. CAMPO DE OPERABILIDAD

Para Rodríguez Manzanera (2021), existen tres niveles de interpretación criminológica:

- Un nivel de interpretación *conductual*, cuyo objeto de estudio es el crimen y que estudia exhaustivamente el comportamiento antisocial poniendo el foco en los factores y mecanismos que conducen al paso al acto.
- Un nivel de interpretación *individual*, cuyo objeto de estudio es el autor de la conducta antisocial mediante el método clínico buscando llegar al diagnóstico, pronóstico y proposición de tratamiento.
- Un nivel de interpretación *general*, en el que se estudia la criminalidad en su más amplia extensión, incluyendo los sujetos, las conductas antisociales y sus características en un lugar y tiempo determinados.

Como hemos visto, la Criminología se ocupa del fenómeno criminal desde una perspectiva global, orientada hacia la criminalidad. La Criminología Clínica opera desde una perspectiva individual, orientada al análisis del crimen concreto perpetrado por un sujeto concreto en un momento determinado, incardinándose plenamente en el campo de la denominada Criminología Aplicada. Así, intenta explicar el crimen partiendo del criminal y no desde el punto de vista social.

En este contexto, el campo operativo de la Criminología Clínica es amplio y abarca diversos contextos institucionales y extrainstitucionales. Tradicionalmente, se ha desplegado en:

- Instituciones penitenciarias: evaluaciones de riesgo, elaboración de programas de tratamiento, seguimiento de casos.
- Centros de menores infractores: intervenciones orientadas a la reeducación y reinserción.

- Centros de salud mental forense: diagnóstico y tratamiento de delincuentes con trastornos psiquiátricos.
- Contextos judiciales: informes periciales para valorar imputabilidad, peligrosidad, idoneidad de medidas alternativas, etc.

El profesional clínico-criminológico participa activamente en equipos multidisciplinares y su labor es relevante tanto en la etapa pre-sentencia (orientando la toma de decisiones judiciales), como en la fase de ejecución penal (contribuyendo a la planificación de tratamientos individualizados).

1.3. BREVE RESEÑA HISTÓRICA

1.3.1. Orígenes y antecedentes

La Criminología Clínica encuentra sus antecedentes en el positivismo criminológico italiano del siglo XIX, con figuras como Cesare Lombroso, quien introdujo el estudio médico del delincuente (Lombroso, 1902). Aunque las teorías lombrosianas sobre el "criminal nato" han sido ampliamente superadas, sentaron las bases para una aproximación individualizada al delito.

Durante el primer tercio del siglo XX, autores como Enrico Ferri y Rafael Garofalo consolidaron una visión integradora del delito como fenómeno biopsicosocial. Paralelamente, se desarrollaban técnicas psicométricas, análisis de personalidad y estudios sobre la psicopatía que más tarde serían esenciales para la praxis clínica criminológica.

Los primeros antecedentes, dada su inspiración médica, los encontramos en el estudio de la población penitenciaria a finales del siglo XIX y principios del XX, y que son difundidos por sus principales valedores. Destacan Gabriel Tarde, quien en el I Congreso de Antropología Criminal en Roma (1881), presentó su estudio clínico de los delincuentes en prisiones; William Maudsley, psiquiatra inglés que desde su "Clínica Criminal" estudió los crímenes cometidos por enfermos mentales; y José Ingenieros, fundador y director del Instituto de Criminología de la Penitenciaria Nacional en Buenos Aires (Argentina) en 1907, desde donde llevó a cabo experiencias clínicas para el estudio de delincuentes.

1.3.2. Desarrollo y consolidación

Rodríguez Manzanera (2021) alude a cuatro períodos para el desarrollo de la Criminología Clínica, definidos por su orientación principal en cada uno de ellos.

Así, habría una primera etapa *científica*, iniciada con los estudios del médico y criminólogo Lombroso ("El hombre delincuente", 1876), centrados en la indagación médica, psicológica y social.

La segunda etapa, *penitenciaria*, surgió con las escuelas europeas y americanas, muy orientadas al estudio clínico de la población penitenciaria.

La tercera etapa, *judicial*, supuso la aplicación al proceso penal de los métodos clínico-criminológicos para el auxilio en juicios de responsabilidad y determinación de penas.

Por último, la etapa *legislativa* propició el impulso de la disciplina para la consideración de políticas legislativas en el ámbito de la prevención y el tratamiento del delincuente, siendo destacable al respecto el Congreso de Naciones Unidas de 1955.

Podemos considerar el punto de inflexión en la década de 1940 cuando la Criminología Clínica se consolidó como disciplina autónoma, especialmente en Italia, Francia y países latinoamericanos como Argentina o México. Durante las décadas de 1950 y 1960, su institucionalización fue paralela al desarrollo del sistema de justicia juvenil y la proliferación de clínicas criminológicas vinculadas a universidades y centros penitenciarios. En este período se consolidaron métodos de entrevista clínica, test proyectivos y protocolos de evaluación multidisciplinaria.

1.4. AUGE Y CAÍDA DE LA CRIMINOLOGÍA CLÍNICA

La Criminología Clínica vivió su apogeo entre los años 60 y 70, en un contexto de confianza en el saber experto y en la rehabilitación del delincuente, considerado además como sujeto de derechos fundamentales, incluyendo la reinserción; y el reconocimiento de su valor en la prevención especial en el ámbito penitenciario (orientación penológica).

No obstante, a partir de los años 80, comenzó a ser duramente cuestionada desde distintas corrientes críticas, especialmente por el movimiento de la criminología radical y la nueva criminología, que denunciaban su sesgo individualista, su función de control social y su escasa capacidad para transformar las causas estructurales del delito. También fue criticada por las teorías colectivistas y sociologistas que negaban la culpabilidad individual y la atribuían al medio social.

La crisis de la rehabilitación penal y la emergencia de políticas de "ley y orden" provocaron un retroceso de su influencia, especialmente en países anglosajones. En la actualidad se aprecia un renovado interés por su enfoque, sobre todo en relación con la criminología forense y la evaluación del riesgo, pues se valora su aporte al diseño de políticas individualizadas y basadas en la evidencia, en contraposición con modelos meramente punitivos. Esto ha llevado a una recuperación parcial de su relevancia en el marco de las criminologías aplicadas y forenses.

A pesar de las críticas, se le reconocen a la Criminología Clínica algunos aportes valiosos y significativos (Herrero, 2013), como el respeto a la individualidad y la historia del sujeto; el diagnóstico y tratamiento individualizado; su enfoque humanista; el análisis de la personalidad integrada a la estructura familiar y al medio social; y el estudio profundo del "paso al acto" delictivo.

Por otra parte, diversos autores contemporáneos han señalado la imprecisión operacional de ciertos conceptos clínico-criminológicos y la necesidad de redefinirlos en términos empíricamente contrastables. Esta crítica ha favorecido una aproximación más metodológica, orientada a la validación de instrumentos y a la delimitación de categorías diagnósticas con relevancia predictiva y preventiva.

1.5. FINES Y UTILIDAD DE LA CRIMINOLOGÍA CLÍNICA

Los fines de la Criminología Clínica se centran en tres grandes ejes:

- *El conocimiento del delincuente individual*, identificando factores que expliquen su conducta y permitan clasificar su peligrosidad, necesidades criminógenas y posibilidades de reinserción.
- *Aplicación práctica*, orientando las decisiones judiciales y penitenciarias, especialmente en lo relativo a medidas alternativas, libertad condicional, tratamiento, etc.
- *Prevención terciaria*, reduciendo el riesgo de reincidencia mediante intervenciones personalizadas.

Hans Göpinger (1975) estableció como finalidad común la comprensión y tratamiento de la personalidad del delincuente singularizado a través de análisis orientados pragmáticamente que incluyen un diagnóstico, un pronóstico, y eventualmente una terapia o tratamiento.

Debido a la inexistencia de una metodología estandarizada para la realización de informes clínico-criminológicos, su utilidad real está muy limitada; y viene siendo sustituida por la aplicación de métodos actuariales o de juicio clínico estructurado, como se verá más adelante. No obstante, la amplitud de una evaluación clínica criminológica supone un valor añadido a la evaluación del riesgo de violencia o reincidencia y en programas de intervención con delincuentes violentos, sexuales o con trastornos mentales; siendo por tanto un reto metodológico clave no resuelto en la actualidad.

Cap. 2.

Constructo de personalidad criminal

2.1. EL DELINCUENTE Y EL DELITO DESDE LA CRIMINOLOGÍA CLÍNICA

No podemos entender el concepto de delincuente sin el de delito, pues siendo cuestiones distintas son absoluta y recíprocamente complementarias, conformando indisolublemente una relación de causa-efecto; puesto que para un Derecho penal democrático y para una Criminología respetuosa con su carácter de ciencia y con el contexto en que debe activarse (el del respeto a los Derechos Humanos) no sería lícito hablar de delincuentes sin delito y, por supuesto, referirse a delitos sin delincuente.

Desde el punto de vista clínico criminológico nos interesa determinar, respecto al sujeto objeto de estudio, cuestiones tales como por qué esa persona es delincuente, qué es lo que hace que reitere su conducta delictiva, o si es alguien cualitativamente distinto del no delincuente o se trata de una cuestión de grado.

La conceptualización del delincuente ha estado siempre ligada a la del delito por las distintas orientaciones doctrinales en Criminología, aplicando criterios puramente legislativos; éticos-filosóficos de base con pretensiones de inmutabilidad; sociológicos; de las criminologías del paso al acto o la reacción social; o de la nueva penología.

A los efectos de este texto, se entiende por delito en sentido criminológico "*Aquella conducta o conductas que, siendo gravemente lesivas de valores, intereses o bienes importantes para la comunidad (y, por lo mismo, para sus miembros), están castigadas penalmente por una ley en sentido estricto*". Debemos entender en el mismo plano al delincuente como "*La persona jurídicamente capacitada que, con reitera-*

ción o habitualidad, realiza, con conocimiento de causa, comportamientos gravemente lesivos de valores, intereses legítimos o bienes importantes, o trascendentes, para la comunidad, o de algunos de sus miembros, estando tales conductas legalmente castigadas con penas proporcionadas al mal causado" (Herrero, 2013).

Pero no debemos quedarnos ahí, también es preciso tener en cuenta los elementos específicos que le impulsan a serlo. Partiendo de la teoría del paso al acto como versión teórico-doctrinal más sólida criminológicamente, que se vertebra en torno al concepto de personalidad criminal, hemos de concluir que la reincidencia o habitualidad en la comisión de delitos está influenciada por la posesión en grado superior a la media de los rasgos nucleares de la personalidad criminal definidos por Pinatel que se verán a lo largo de la obra, operantes en constelación (egocentrismo, labilidad afectiva, agresividad negativa e indiferencia afectiva); y que se hacen presentes por la intervención convergente de factores psicobiológicos, psicomorales o psicosociales. El delincuente debe estar dotado, además, de la suficiente capacidad para moverse con eficacia en el medio ambiente donde vive y actúa (adaptabilidad social que aplica a su actividad delictiva).

2.2. CONCEPTOS DE PERSONALIDAD Y RASGO

Siguiendo a C. Herrero (2013), para aprehender el concepto de *personalidad criminal*, que nos ha de servir de base para establecer un perfil de peligrosidad del sujeto a estudiar, debemos ser capaces de enlazar coherentemente los significados de las dos palabras que conforman dicho concepto, PERSONALIDAD y CRIMINAL. Para ello hemos de partir del hecho de que la personalidad ha de asentarse en un individuo, un sujeto, que ya de antiguo la Filosofía definía como "sustancia individual de naturaleza intelectual", haciendo referencia a la clásica dualidad cuerpo y mente de profundos orígenes. De este modo, hemos de entender el *concepto de persona* como la plataforma imprescindible sobre la que descansa y se funda el concepto de personalidad; que en este sentido ha de interpretarse como una cualidad o atributo que se asienta dinámicamente en la persona y la vertebra en su totalidad.

Comenzaremos acercándonos al complejo concepto de personalidad. Un psicólogo norteamericano, W. Burham, acuñó una frase que se ha convertido en clásica en el estudio de la personalidad: "*Todo el mundo sabe lo que es la personalidad, pero nadie sabe expresarlo con palabras*". Esta reflexión refleja con claridad la complejidad de la tarea de definir la personalidad, pues tal como ocurre con casi cualquier concepto, existen tantas definiciones de este como autores han escrito sobre el mismo.

En este capítulo lo haremos sin perder de vista nuestro campo de especialización y estudio, la Criminología, pues como veremos el estudio de la personalidad admite su abordaje desde muy diversos ámbitos.

2.2.1. La personalidad

La personalidad, entendida como el conjunto de características psicológicas que determinan la forma de ser y comportarse de una persona, juega un rol fundamental en la criminología.

Por su propia naturaleza, la relación intrínseca con el comportamiento humano, la disciplina científica que ha abordado el constructo de personalidad con mayor profundidad y amplitud es la Psicología, desde múltiples teorías y modelos. Son tres los modelos clásicos que han guiado la investigación sobre personalidad (Bermúdez et al., 2012):

- *Modelo internalista,* cuyo núcleo son los factores personales o definitorios del individuo como determinantes principales de la conducta.
- *Modelo situacionista,* que atribuye un mayor peso a las características del ambiente o situación en que tiene lugar la conducta.

- *Modelo interaccionista*, que concilia los anteriores señalando que la conducta está determinada tanto por los factores personales como situacionales, pero fundamentalmente por la interacción entre ambos.

A su vez, cada modelo ha dado lugar a distintas orientaciones teóricas investigadoras, resumidamente:

- *Internalista* (organísmica): la conducta está fundamentalmente determinada por variables personales que permiten predecir la conducta por su consistencia y estabilidad. Utiliza la metodología clínica y correlacional.
- *Situacionista* (mecanicista): la conducta está fundamentalmente determinada por variables situacionales. Por su especificidad, equipara personalidad a conducta. Utiliza la metodología experimental.
- *Interaccionista* (dialéctica): la conducta está fundamentalmente determinada por la interacción entre variables personales (a las que atribuye un mayor peso de los factores cognitivos) y situacionales (a las que atribuye un mayor peso de la situación psicológica o percibida).

Todas han realizado aportaciones relevantes para llegar a un concepto sólido de personalidad, poniendo el foco en distintas cuestiones que contribuyen a ello, entre las que se destacan sin ánimo de exclusividad: su carácter dinámico (Costa y McCrae, 1994); la influencia de los mecanismos afectivos y cognitivos (Caprara y Cervone, 2000); los factores biológicos innatos y la epigenética (Clonninger, 2009); la organización coherente de cogniciones, emociones y conductas o el reconocimiento de la importancia tanto de la estabilidad (consistencia) como de la variabilidad (especificidad situacional) en el funcionamiento de la personalidad (Pervin, 1998).

Podemos observar que todas ellas guardan paralelismo con la concepción, en la Criminología Clínica, del ser humano como entidad bio-psico-social.

Las tendencias más recientes en el estudio de la personalidad se orientan a la búsqueda de un marco integrador que permita entender tanto las características comunes a todas las personas como las diferencias individuales de dichas características comunes; es decir, que permita explicar la personalidad desde un nivel social a un nivel individual. Para ello, McAdams y Pals (2006) proponen cinco grandes principios de una nueva ciencia integradora de la personalidad (pueden verse en Bermúdez et al., 2012), que permitirían definirla como "*la variación única de un individuo sobre el diseño evolutivo de la naturaleza humana, expresada como un patrón de rasgos disposicionales, adaptaciones características e historias de vida integradoras, compleja y diferencialmente situadas en la cultura*".

Desde el punto de vista de los modelos sociocognitivos más recientes se habla no ya de psicología de la personalidad sino de "ciencia del individuo" para enfatizar el estudio de las personas en su contexto (Bermúdez et al., 2012).

Sobre las premisas expuestas y siguiendo al mencionado autor, podemos hacer una primera aproximación al concepto de personalidad como "*la forma de pensar, percibir o sentir de un individuo, que constituye su auténtica identidad, y que está integrada por elementos de carácter más estable (rasgos) y elementos cognitivos, motivacionales y afectivos más vinculados con la situación y las influencias socioculturales, y por tanto, más cambiables y adaptables a las peculiares características del entorno, que determinan, en una continua interrelación e interdependencia, la conducta del individuo, tanto lo que podemos observar desde fuera (conducta manifiesta), como los nuevos productos cognitivos, motivacionales o afectivos (conducta privada o interna), que entrarán en juego en la determinación de la conducta futura (cambios en expectativas, creencias, metas, estrategias, valoración de las situaciones, etc.)*".

Sánchez (2012) concibe la personalidad como un patrón complejo de características psicológicas profundamente arraigadas que son en su mayor parte difíciles de cambiar y se expresan automáticamente en casi todas las áreas de funcionamiento del individuo; conformando sus rasgos un patrón idiosincrásico de sentir, percibir, manifestarse y comportarse del individuo. Entiende la personalidad como un "*continuum*" en el que no cabe una clara distinción entre normalidad y patología, en el que juega un importante papel el aprendizaje.

Finalmente, buscando la necesaria interrelación entre psicología y criminología clínica, que encuentran su nexo de unión en los factores biológicos, psicológicos y contextuales, podemos llegar a una definición operativa de personalidad, siguiendo a Herrero (2013), como "*la forma de ser, estar y actuar de cada ser humano, configurada conforme al desarrollo y orientación dinámicos de su herencia bio-genética y su dimensión psicomoral, dentro de un contexto ecológico y social, cambiante e interactivo*".

2.2.2. El rasgo

Un importante campo de estudio de la personalidad se centra en los planteamientos estructurales, que la consideran como una estructura conformada por rasgos o disposiciones estables de conducta, cuya organización y estructuración peculiar configura la personalidad de un individuo. Entre los planteamientos teóricos más significativos dentro de este enfoque destacan el modelo de los 16 factores de personalidad de Cattell (1965), el modelo de los tres factores o modelo PEN (Psicoticismo, Extraversión y Neuroticismo) de Eysenck (1952, 1990), y el modelo de los Cinco Grandes Factores (Neuroticismo, Extraversión, Afabilidad, Tesón y Apertura a la experiencia) de Costa y McCrae (1985, 1992), en torno al cual se ha centrado la aproximación estructural en las últimas décadas.

En este enfoque resulta central el concepto de *rasgo* como disposiciones relativamente estables y duraderas que ejercen efectos generalizados sobre la conducta (principalmente su consistencia y estabilidad en distintas situaciones y momentos temporales) y que son comunes a las distintas personas (todos los poseemos en distinto grado o medida, lo que explica las diferencias individuales).

De este modo, los rasgos son constructos que utilizamos para describir a las personas y comparar unas con otras y que recoge la consistencia de la respuesta de un individuo ante distintas situaciones. Se entienden y consideran como tendencias de respuesta en un continuo de dimensiones bipolares (ej.: Neuroticismo *versus* Estabilidad emocional; Extraversión *versus* Introversión) a lo largo de las cuales se transita durante el recorrido vital y que proporcionarían una firma reconocible de lo que una persona tiende a expresar al manifestar su conducta en distintas situaciones y momentos. Para el estudio de los rasgos de personalidad se alude al concepto de *tipo*, que recoge la agrupación de diferentes rasgos y que tanto en Psicología como en Criminología ha dado lugar a una enorme variedad de clasificaciones (tipologías).

Así, la tendencia a la estabilidad y consistencia de los rasgos permite medir, comparar y predecir la conducta, aunque no explicarla. No obstante, estas predicciones de conducta basadas en rasgos son criticadas por ser acontextuales (aplicables a cualquier situación), al entender que el determinante esencial de la conducta es la personalidad, frente a la que la situación sería un mero accidente sin mayor importancia (Bermúdez et al., 2011). Pero su valor es fácilmente deducible al entender que, precisamente, una de las premisas de la Criminología Clínica para la elaboración de un perfil de peligrosidad criminal es el análisis de la conducta delictiva del sujeto estudiado en un momento puntual.

El estudio de los rasgos se ha abordado desde diferentes perspectivas. Desde la psicología se utilizan enfoques nomotéticos, centrados en su intensidad respecto a grupos normativos más que en términos de presencia o ausencia. La Criminología Clínica, por la propia idiosincrasia de su objeto y como no podía ser de otra manera, utiliza un enfoque idiográfico, centrado en el análisis y medición individualizada de aquellos rasgos presentes en la personalidad del sujeto que afectan a la conducta peligrosa y pueden conformar la denominada “personalidad criminal”.

2.3. CONCEPTO DE PERSONALIDAD CRIMINAL

El estudio de la personalidad criminal se enfoca en identificar los rasgos psicológicos y emocionales que predisponen a un individuo a cometer actos delictivos. El concepto de personalidad criminal describe a aquellos individuos cuyas estructuras de pensamiento, emociones y conductas se desvían de las normas sociales, mostrando patrones que favorecen la violación de las leyes y la agresión hacia los demás. Es un concepto discutido e incluso negado desde distintos ámbitos. No obstante, en Criminología podemos encontrar diversas aproximaciones al mismo según las orientaciones teóricas de sus autores. Veremos algunos siguiendo a Herrero (2013):

DeGreef, desde una concepción determinista de la personalidad centrada en la predisposición a reaccionar antisocialmente a ciertos estímulos en función de un fuerte sentimiento de injusticia; señala como rasgos comunes a la personalidad delincuente la inmadurez psicoafectiva, la inmadurez del yo (egocentrismo) y una gran dificultad para entablar relaciones interpersonales.

Para Kernberg (1992), desde una concepción constitucionalista, consistiría en la estructura biopsicológica, constituida por algunas de las variables constitucionales en convivencia con determinadas disfunciones atribuibles a alguno de los grupos en que se distribuye la función moral.

Di Tullio entiende la personalidad criminal como el estado de predisposición o tendencia estructural específicas a delinquir, derivado de anomalías constitucionales o congénitas con intensidad mayor a la media y potenciadas y dinamizadas por defectos o deficiencias educativas o de socialización.

Le Blanc y Fréchette acuñan los términos de "síndrome de personalidad delincuente" y "personalidad egocéntrica" en cuyo centro está el egocentrismo como crisol por el que el resto de los rasgos de las estructuras de personalidad mediatizan los factores sociales que favorecen el paso al acto criminal.

Para Eysenck, desde una orientación esencialmente conductista, la personalidad criminal se vertebra en torno a los rasgos de extraversión, neuroticismo y psicoticismo, que actúan bajo la denominada "ley de secuencia temporal", que establece la fuerza de la influencia de la proximidad en el tiempo de las posibles consecuencias positivas o negativas de una acción (si las posibles consecuencias negativas de una acción antisocial se anticipan lejanas en el tiempo, aumentarán las probabilidades de llevarla a cabo; en tanto que si las consecuencias positivas de esa misma acción se antojan próximas, se reforzará la tendencia a llevarla a cabo).

Es no obstante Pinatel (1963) quien mayores aportaciones ha hecho al respecto desde el enfoque de, más que buscar una definición comprehensiva del concepto, elaborar un modelo operacional útil a la Criminología Clínica para sus fines. Su modelo teórico de personalidad criminal aporta interesantes contribuciones:

- Libera el concepto de personalidad criminal de los determinismos, al presentarlo con rasgos de posible procedencia multifactorial (psicobiológica, psicomoral y psicosocial).
- Establece un concepto operativo en el que la personalidad criminal se entiende como una estructura basada en la organización de trazos particulares (rasgos), diferenciándola de los tipos de personalidad definidos en psiquiatría, discriminando entre rasgos nucleares o constituyentes de la personalidad criminal y rasgos variantes que no afectan al núcleo de la misma.
- Establece diferencias cualitativas de grado entre delincuentes y no delincuentes, en vez de diferencias de carácter taxonómico excluyente.

A partir de la concepción de Pinatel, Herrero (2013) define el concepto de personalidad criminal como "*la estructura dinámica cuyo núcleo está conformado por la reunión y asociación de cuatro elementos, de los cuales ninguno es anormal en sí, pero que se encuentran en una intensidad o grado mayor a la media, que operan en acción e interac-*

ción entre sí (no son específicos tomados aisladamente) y que responden al nombre y concepto de: egocentrismo, labilidad, agresividad e indiferencia afectiva".

La denominación de "personalidad criminal" ha sufrido diversos cambios. Desde el de "psicopatía" hasta el de "personalidad antisocial"; que en la actualidad hacen referencia a constructos distintos si bien guardan estrechas similitudes entre sus rasgos propuestos y los de la Criminología Clínica.

Finalmente cabe señalar que el concepto de personalidad criminal no ha estado exento de duras críticas, provenientes fundamentalmente desde las orientaciones criminológicas de la denominada "reacción social", para las que el ser humano es un producto social que reacciona ante actos o disfunciones sociales provocadoras e inductoras, siendo por tanto irresponsable. Desde esta premisa, se acusa este concepto de estigmatizante y arbitrario. También se ha atacado la metodología de su elaboración, acusándola de excesivamente estática, unidireccional, resultando un concepto de personalidad criminal estrechamente ligado a una racionalidad determinista de raíz positivista. García-Pablos de Molina incluso, considera las teorías sobre personalidad criminal como abandonadas. No obstante, y a pesar de ello, continúa siendo considerado válido por la Criminología para facilitar el estudio de su objeto.

2.4. CONSTRUCTO DE LA PERSONALIDAD CRIMINAL

Ya hemos visto que desde distintos enfoques criminológicos se apoya la existencia de un concepto de personalidad criminal estructurada por rasgos de distinta naturaleza, que siguiendo a Herrero (2013) avalan la existencia de una fuerte corriente clínico-criminológica defensora de la personalidad criminal. Esta puede concebirse como una personalidad delincuente que se organiza mediante rasgos formados desde factores psicobiológicos, psicomorales o psicosociales, de carácter plástico, transitorio, reversibles y neutralizables mediante tratamiento; siendo éste es el concepto de personalidad delincuente que debe ser acogido en la actualidad.

De hecho, podría incluirse en el denominado "modelo factorialista" en su concepción moderna, basado en la búsqueda de dimensiones válidas de personalidad de carácter transituacional que operen con independencia de otras variables; constituyéndose en un modelo de rasgos que intenta desprenderse de sus iniciales antecedentes ideológicos y busca el respaldo metodológico de instrumentos de medición objetivos (García-Pablos, 2014).

El constructo que goza de mayor predicamento en la Criminología Clínica es el del criminólogo francés Jean Pinatel, producto de sus estudios longitudinales sobre la personalidad delincuencial. Para este autor, la personalidad criminal se construye sobre dos dimensiones, una *nuclear* con mayor influencia sobre el umbral delincuencial y que considera rasgos predisponentes (egocentrismo, labilidad, agresividad e indiferencia afectiva) y otra *periférica*, cuyos componentes derivan de la capacidad de adaptación social y que han de acompañar a los elementos nucleares para el paso al acto delincuencial. Debe entenderse, por otra parte, no como una estructura de rasgos inmodificables e irreversibles (puesto que entrañaría la inutilidad de cualquier clase de tratamiento, que es, recuérdese, uno de los objetivos del perfil de peligrosidad criminal), sino como de naturaleza plástica y modificable.

Herrero defiende la contrastación y adveración científica de los rasgos de personalidad criminal propuestos por Pinatel en base a multitud de trabajos científicos por reputados especialistas en el ámbito de la Criminología Clínica (Canepa, Favard, LeBlanc y Frechette).

Cap. 3

Peligrosidad criminal

3.1. CONCEPTO

El *perfil de peligrosidad criminal* es el resultado de la aplicación del método clínico criminológico al estudio individualizado de un individuo atendiendo a factores endógenos y exógenos que permite respecto al evaluado, con relación a su peligrosidad criminal:

- Comprender la génesis de su comportamiento y su dinámica delictiva
- Realizar un diagnóstico
- Elaborar un pronóstico
- Proponer medidas de tratamiento o reinserción

Esta valoración se emplea en la determinación de medidas de seguridad, tratamiento individualizado o decisiones en la ejecución penal, siempre desde una perspectiva clínica-forense. Para lograr sus objetivos es preciso seguir una metodología rigurosa con un enfoque científico, cuyo eje vertebrador es la peligrosidad criminal. Por lo tanto, es imperativo comenzar conociendo y comprendiendo este constructo.

3.2. LA PELIGROSIDAD CRIMINAL

En el ámbito de la criminología, el concepto de peligrosidad criminal ha desempeñado un papel central en los sistemas de control social y penal, sirviendo como criterio para justificar medidas de seguridad y políticas preventivas, y es una de las aportaciones más exitosas de la Criminología (Andrés-Pueyo, 2013).

Desde una perspectiva contemporánea, la peligrosidad criminal se entiende como una categoría jurídico-criminológica que intenta medir el riesgo de que un individuo vuelva a infringir normas penales, atendiendo no solo a hechos cometidos, sino a factores de personalidad, contexto social y probabilidad de reincidencia (Silva Sánchez, 2018). Por lo tanto, desde el *punto de vista criminológico,* ha de entenderse como una estimación probabilística *puntual* de la comisión de hechos delictivos que valora la interacción existente entre los distintos factores que intervienen en su producción (biológicos, psicológicos, sociales).

No obstante, continúa siendo un constructo difuso, tradicional objeto de discusión e insatisfacción entre juristas, criminólogos, forenses, etc.; por ser un concepto complejo que puede entenderse desde distintos campos del conocimiento. Como ejemplo, podemos ver el *concepto penal* ilustrado en el Código Penal español en su artículo 95, cuando indica como condiciones necesarias para la aplicación de medidas de seguridad "*...que del hecho y de las circunstancias personales del sujeto pueda deducirse un pronóstico de comportamiento futuro que revele la probabilidad de comisión de nuevos delitos*", poniéndola en estrecha relación con el pronóstico de reincidencia y las medidas de libertad vigilada, que resultan aplicables no sólo cuando el pronóstico de peligrosidad del individuo se relaciona con estados patológicos que han determinado su grado de imputabilidad, sino también cuando la peligrosidad deriva del específico pronóstico del sujeto imputable en relación con la naturaleza del hecho cometido, siempre y cuando el propio legislador así lo haya previsto de manera expresa, como indica el artículo 98.1: "*la libertad vigilada pretende neutralizar el efecto del estado de peligrosidad delictiva, el riesgo de cometer nuevos delitos graves al constatarse el fracaso de reinserción perseguido por la pena...*".

3.2.1. Orígenes y evolución

Sus raíces históricas pueden rastrearse en las escuelas positivistas del siglo XIX. Inicialmente, autores como Lombroso o Ferri asociaban peligrosidad a características biológicas del delincuente, lo que derivó en visiones estigmatizantes y esencialistas del sujeto. La idea lombrosiana de peligrosidad es heredera natural de aquellas primeras concepciones psiquiátricas que, de hecho, nunca han abandonado el núcleo conceptual de la peligrosidad que la asocian al trastorno mental. Este doble anclaje histórico (psiquiátrico y criminológico) del concepto de peligrosidad nos permite entender la asociación implícita, por generalización, del mismo que tiene la delincuencia (especialmente la violenta) con la enfermedad mental.

Podemos hablar de su nacimiento con la idea de *temebilidad* de Garofalo (1878), quien la entendía como "la perversidad constante y activa del delincuente y la cantidad de mal previsto que hay que temer por parte del mismo", y que en función de la distinta orientación tomó otras denominaciones, como la *monomanía homicida* de Esquirol (orientación psiquiátrica), o el "*paso al acto*" de la psicología y el psicoanálisis; siempre ligadas a esa orientación biomédica pivotante sobre el trastorno mental.

Así, el concepto ha ido evolucionando desde la consideración de la peligrosidad criminal como un estado patológico a un trastorno mental grave y al concepto de *personalidad criminal* fuertemente ligado al Trastorno Antisocial de Personalidad y la Psicopatía.

Durante el siglo XX, con el auge del Derecho Penal de acto, la noción de peligrosidad quedó desplazada por el principio de culpabilidad basado en el hecho cometido. Posteriormente, en el contexto del Derecho Penal de autor, algunas legislaciones retomaron el concepto para justificar medidas preventivas, lo que generó tensión con los derechos fundamentales.

3.2.2. Peligrosidad criminal, peligrosidad social y estado peligroso

Es conveniente en este punto detenerse brevemente en la distinción entre los conceptos de *peligrosidad criminal* y *peligrosidad social*, en ocasiones erróneamente utilizados como sinónimos. Ya Ferri (1933) se ocupó de la cuestión, distinguiendo la peligrosidad social como la probabilidad de comisión de un delito, de la peligrosidad criminal como la readaptabilidad a la vida social tras el delito.

Más modernamente, Landecho (1974) diferenciaba la peligrosidad social como posibilidad de convertirse en asocial (ocasional) de la peligrosidad criminal como la posibilidad de convertirse en antisocial (habitual).

Rodríguez Manzanera (1993) entiende la peligrosidad social como "*la actitud o tendencia de una persona para dañar intereses socialmente relevantes, aunque no estén protegidos por la ley*", en tanto que la peligrosidad criminal "*es la probabilidad fehaciente de que un sujeto cometa un delito o reincida en el mismo*".

En realidad, la distinción esencial se basa en que la peligrosidad social hace alusión a un estado peligroso predelictivo basado en consideraciones legales y no criminológicas. Abarcaba consideraciones de todo tipo, incluidas morales, para catalogar a los individuos en tal categoría, sin que fuera necesario que hubieran cometido delito alguno. Esto ocurrió en España, donde la denominada "Ley de Vagos y Maleantes" promulgada en 1933 durante la II República y ampliada en 1970 durante el régimen franquista estuvo en vigor hasta 1995 con diversas modificaciones, entre ellas su cambio de denominación a "Ley de Peligrosidad y Rehabilitación Social". Establecía un amplio catálogo de "estados peligrosos" en el que se incluían desde la mendicidad hasta la homosexualidad, y que permitía aplicar a los en ella incursos medidas de seguridad de todo tipo, desde internamientos en distintos tipos de centros, multas, controles, detenciones…

Por lo tanto, intrínsecamente ligado al concepto de peligrosidad social está el de *estado peligroso*. Desde un punto de vista doctrinal, sería aquella situación en la que una persona, aun sin haber cometido un nuevo delito, representa un riesgo concreto de realizar conductas delictivas en el futuro. Se utiliza para justificar la aplicación de medidas de seguridad o restricciones de libertad, lo que genera una intensa polémica en el Derecho Penal contemporáneo al cuestionarse la legitimidad de estas medidas, pues implican una desviación del principio de responsabilidad por el hecho, sustituyéndolo por una lógica de prevención basada en el sujeto. Esta lógica de "Derecho penal de autor" conduce a un control social preventivo que puede resultar desproporcionado e incompatible con los derechos fundamentales si no cuenta con límites claros y estrictos controles judiciales (Ferrajoli, 2011).

Desde el punto de vista criminológico, Herrero (2012) hace una distinción etiológica entre *estado peligroso criminológico* (en el que el individuo no está afectado por factores de origen patológico y es dueño, siquiera parcialmente, de su conciencia y voluntad) y *estado peligroso de naturaleza psiquiátrica o psicopatológica* (cuando los factores que conforman la "peligrosidad" tienen su origen en alguna psicopatología que afecta a la razón o voluntad, impidiendo que el sujeto actúe de forma responsable). En atención a esta conceptuación etiológica del estado peligroso, atendiendo a la valoración de estado e intensidad, lo clasifica en:

- *Estado peligroso crónico.* El enraizado en el individuo afectado por tal estado en virtud de la fuerte influencia simultánea de los factores psicobiológicos y psicosociales que le configuren.
- *Estado peligroso marginal.* O de influencia puramente periférica, al depender, por ejemplo, de una influencia psicobiológica fuerte combinada con una influencia psicosocial ligera o viceversa.
- *Estado peligroso episódico.* O de presencia ocasional y transitoria, aparecido bajo el influjo ligero, o muy ligero, de factores simultáneos de carácter psicobiológico y psicosocial.

Si atendemos al carácter del paso al acto en el estado peligroso podemos apreciar dos formas: simple (actos irracionales, impulsivos) o compleja (actos efectuados de forma reflexiva y consciente).

3.3. ELEMENTOS INTEGRADORES DE LA PELIGROSIDAD CRIMINAL

Dos son los pilares de la peligrosidad criminal, la capacidad criminal y la adaptabilidad social, que los autores clásicos definían como los componentes del estado peligroso y cuyo tratamiento conjunto permite establecer el denominado umbral delincuencial.

3.3.1. La capacidad criminal

En los orígenes de este concepto, Garofalo (1878), citado por Rodríguez (1981), la definía como "*la perversidad constante y activa de un delincuente y la cantidad de mal que puede poseer*".

Hemos de entenderla como el potencial dañino del sujeto, en todos los ámbitos (físico, psíquico, económico, moral...), mediado por su potencial inherente, interno, para delinquir, y que vendrá condicionado por el medio en que vive y su herencia biológica. Por lo tanto, para su determinación habrá que atender tanto a factores internos (de carácter etiológico-disfuncional de naturaleza psicobiológica, psicomoral, psicosocial o mixta) como externos, deducible de la conducta criminosa constitutiva de infracción penal atendiendo a su frecuencia y gravedad.

3.3.2. La adaptabilidad social

Supone la capacidad de adaptación del sujeto al medio social en el que vive y que al orientarse a la delincuencia le permite delinquir con mayor o menor éxito, mediante el acatamiento superfluo e impostado de las normas sociales, sin identificación ni internalización de estas. De este modo, evita el control social y facilita su actividad delictiva.

3.3.3. El umbral delincuencial

El tratamiento empírico de las variables obtenidas tras el estudio de la capacidad criminal y la adaptación social permitirá determinar el nivel y tipo de delincuencia que una determinada personalidad abordará en un momento y situación concreta. El concepto de *umbral delincuencial* hace referencia al punto a partir del cual la suma de factores personales, antecedentes delictivos y contexto social hacen previsible la comisión futura de delitos. También es entendido como las formas clínicas que puede presentar el estado peligroso (Pinatel). Así, caben cuatro combinaciones:

Capacidad criminal muy intensa + adaptabilidad social muy elevada: Propia de los delincuentes especialmente peligrosos, tanto por la entidad de sus infracciones como por la habilidad de buscar la impunidad (delincuencia de cuello blanco, sicarios, asesinos en serie organizados...).

Capacidad criminal muy intensa + adaptabilidad social baja: Forma escasamente grave o nada grave de estado peligroso, donde podemos encontrar a la mayor parte de los delincuentes profesionales y habituales que hacen de la delincuencia su modo de vida; y aquellos que viven en entornos marginales y delincuentes. Podemos identificarlo con el estado peligroso crónico.

Capacidad criminal poco intensa+ adaptabilidad social muy escasa o débil: Forma muy poco grave de estado peligroso, propia de delincuentes de pura subsistencia generalmente afectados de trastornos y enfermedades mentales. Podemos identificarlo con el estado peligroso marginal.

Capacidad criminal muy poco intensa, muy débil + adaptabilidad social elevada o muy elevada: Forma leve o ligera de estado peligroso.

Propia de no delincuentes que pueden delinquir ocasionalmente en función de las circunstancias. Excepcionalmente pueden cometer algún delito muy grave, impulsados por circunstancias extraordinarias. Podemos identificarlo con el estado peligroso episódico.

3.4. LA PELIGROSIDAD CRIMINAL: CRÍTICAS Y CAMBIO DE PARADIGMA

El concepto de peligrosidad criminal ha sido duramente criticado doctrinalmente (Ferrajoli, 2011; Zaffaroni, 2017), especialmente por el riesgo que supone para principios básicos del Estado de Derecho como la presunción de inocencia al fundamentar decisiones punitivas en la peligrosidad y no en el hecho cometido, resultando incompatible con una concepción garantista del derecho penal moderno. También se ha criticado su carácter estigmatizante y su posible selectividad social.

Por otra parte, resulta un concepto polisémico (Andrés Pueyo, 2013) y poliédrico, pues adquiere diferentes significados en función de la corriente conceptual que lo interprete. Así, desde la óptica *jurídica* se entiende como la probabilidad de reincidir (delincuente reincidente), desde la *forense* como estado patológico (delincuente enfermo mental) y desde la *criminológica* se enfoca en la gravedad del delito (delincuente violento).

Otras críticas se centran en:

Su *confusión conceptual*, al definirse como un constructo de sobre significado (porque aglutina la combinación de uno o varios elementos como son los trastornos mentales, la adicción a las drogas, los rasgos temperamentales; así como factores biográficos y de inadaptación social que no son independientes entre sí y pertenecen a una categoría conceptual de alto nivel de abstracción y difícil operacionalización. También es un concepto circular por cuanto se identifica a partir de la misma conducta que se quiere explicar, ya que es peligroso aquel que ha cometido un delito y está "predeterminado" a reiterarlo.

Su *imprecisión operacional*, ya que depende de evaluaciones subjetivas y poco estandarizadas y carece de criterios claros para definir y medir conceptos clave. La clave para una evaluación objetiva, fiable y válida de un constructo como la peligrosidad es la existencia de una definición clara y precisa del mismo. Las operaciones en que se basa la evaluación corresponden a estimaciones basadas en indicadores que realmente estén relacionados con y sólo con los procesos y mecanismos que constituyen ese concepto y que, como hemos visto al referirlos a la peligrosidad, son confusos y borrosos

Su *baja capacidad predictiva*, sobre todo en su faceta de factor de predicción de la violencia futura, en que se basa en un modelo causal determinista y no probabilístico del comportamiento humano. Se aduce que el comportamiento violento, como cualquier otro, está producido por una combinación compleja, cuasi-aleatoria de factores interactuando entre sí, y por tanto las causas de la conducta violenta no son exclusivamente atribuibles a factores del individuo.

Su *estigmatización negativa*, dada la atribución individualizada de características con connotaciones negativas.

A pesar de todas estas críticas, el concepto de "peligrosidad criminal" se ha mantenido en nuestra doctrina criminológica y, en general, en otras ciencias cercanas al fenómeno delictivo. A diferencia de las concepciones positivistas clásicas basadas en rasgos biológicos o determinismo naturalista, la doctrina actual enfatiza su carácter preventivo y valorativo, ligado al principio de intervención mínima del Derecho Penal. La peligrosidad criminal contemporánea está vinculada a la evaluación del riesgo y al análisis criminológico empírico, especialmente en el ámbito de la justicia juvenil y la ejecución penal, con el fin de orientar decisiones de libertad condicional o medidas de seguridad, siempre bajo parámetros de proporcionalidad y respeto a los derechos fundamentales.

El cambio de paradigma se produjo a raíz de la tendencia generalizada a su progresiva redefinición e, incluso, podría decirse sustitución por otros conceptos tales como la determinación de "factores de riesgo", "predicción de la violencia", "riesgo de violencia", "estimación de peligrosidad", al más reciente de "valoración de riesgo de reincidencia delictiva". Este nuevo enfoque tiene relación directa con la denominada Criminología de corte plurifactorial, de carácter eminentemente pragmático, que estudia los principales factores criminógenos que afectan a los sujetos. Se sigue hablando de peligrosidad de un delincuente, pero ya no se diagnostica este estado para pronosticar su reincidencia, sino que se evalúa el riesgo futuro de volver a reincidir en delitos o comportamientos violentos.

Cap. 4

Rasgos de la personalidad criminal

4.1. RASGOS NUCLEARES DE LA PERSONALIDAD CRIMINAL

Entre los múltiples rasgos que pueden presentarse, un número reducido de características ha sido identificado como rasgos nucleares por su papel central en la génesis y mantenimiento de la conducta delictiva (Garrido, 2006).

Su carácter nuclear deriva de la necesidad de su presencia para definir el umbral delincuencial y en consecuencia el paso al acto, la comisión del delito; a diferencia de los rasgos de carácter periférico, asociados a las modalidades de ejecución del hecho. Debe tenerse siempre presente que la simple presencia de estos rasgos no determina la tendencia a delinquir o la peligrosidad criminal. Han de poseerse en grado superior a la media y actuar en confluencia recíproca, a modo de "constelación criminógena" en la que distintos factores criminógenos actuarán como disparadores del paso al acto.

Sánchez (2012) los clasifica en función de su inintimidabilidad y de su nocividad, conceptos que en consecuencia hemos de definir previamente.

La *inintimidabilidad* hace referencia a la incapacidad para ser disuadido o influenciado por el miedo al castigo o las consecuencias de las acciones, lo que los convierte en sujetos difíciles de rehabilitar y con elevados índices de reincidencia, ya que no responden a las estrategias tradicionales de disuasión.

La *nocividad* hace referencia a la tendencia y capacidad de causar daño de forma consciente y deliberada, constituyendo un rasgo central en los delincuentes violentos. Aquellos que manifiestan altos niveles de nocividad suelen estar caracterizados por una marcada insensibilidad hacia el sufrimiento ajeno y un deseo de imponerse a través del daño, tendencias muy relacionadas con la psicopatía.

4.1.1. Inintimidabilidad: el egocentrismo

Para Herrero (2013) es el rasgo que fundamenta la auto legitimación del paso al acto ilegítimo, el motor de su justificación: si el delincuente va a obrar como obra, o como ha obrado, ha sido por culpa del otro, porque no tiene o no ha tenido otro remedio. Es decir, actúa convencido de que actúa con legitimidad, en defensa propia. El sentimiento de injusticia sufrida vertebra la justificación de su vida y actitudes ante la misma.

Para Sánchez (2012) puede definirse como la característica que define a una persona para referirse a sus propias opiniones e intereses como los más importantes, una tendencia a relacionar todo consigo mismo.

Leblanc y Morizot (en Herrero, 2013) lo definen como "*la tendencia a relacionar todo con uno mismo sobre el plano intelectual, a considerarse el centro del universo sobre el plano afectivo, a ser incapaz de juzgar un problema moral desde un punto de vista que no sea el personal, a adoptar actitudes críticas y acusatorias, así como a activar un sentimiento de injusticia, padecido sobre el plano interpersonal*".

Pinatel situaba el origen de este rasgo desde teorías *psicosociológicas* (como algo innato), *psicogenéticas* (como un fracaso en el proceso de socialización en la etapa infantil o, desde un punto de vista más psiquiátrico y biológico como un estado patológico, una morbilidad histriónica o histérica de la personalidad con desviaciones sexuales o parafilias) o *sociológicas* (producto de una distorsión cognitiva por un fallo en el proceso de razonamiento moral). Para la detección de este rasgo, pone el foco en la pertenencia del sujeto a tipos definidos: los enfermos, los caracteriales, los perversos y los débiles.

- Los *enfermos*: la afección de este rasgo deviene de su propia enfermedad o trastorno mental. Así, en los afectados de *psicosis*, los esquizofrénicos dirigen su vida y actividad mental hacia ellos mismos, su mundo interior, con una pérdida de contacto con el mundo exterior. Los paranoicos presentan un egocentrismo patológico centrado en sus delirios. Los afectados de *neurosis* manifiestan el egocentrismo centrado en la enfermedad que podrían padecer (hipocondríacos) o creen padecer (histéricos).

- Los *caracteriales*: son personas que, sin poder considerarse afectados por enfermedad, padecen un trastorno en el que el egocentrismo adquiere un papel relevante (*personalidades esquizoides, depresivas, rasgos paranoicos, epileptoides y mitómanos*). En este grupo se hace hincapié en la relación entre egocentrismo y las orientaciones paranoicas y mitomaníacas. Respecto a la primera, se manifiesta en la tiranía y el ansia de dominación con una sintomatología evidenciable en el ejercicio abusivo de la autoridad y el despotismo, en las relaciones sociales (intolerancia, arrogancia, orgullo, desconfianza) y una vanidad patológica que puede verse reflejada en memorias, dibujos, autobiografías o discursos. En cuanto a la mitomanía, se manifiesta por habladurías fantásticas, autoacusaciones criminales o fabulaciones.

- Los *perversos*: se dividen en sexuales y morales. Respecto a los *sexuales* destaca al narcisista, enamorado de sí mismo y objeto de su propio deseo erótico. Los perversos *morales* se caracterizan por la malignidad (necesidad de hacer el mal por placer), y junto a ellos sitúa Pinatel a los *inafectivos limítrofes*, de gran insensibilidad afectiva que los lleva a la crueldad. Todos ellos presentarán expresiones afectivas tendentes a la exclusividad y la permanencia (de las que derivan los sentimientos de odio y venganza), la violencia, la brutalidad y el desprecio del prójimo, la vida y el bien ajeno.

Relaciona también el egocentrismo con la *debilidad mental,* que impide a la persona tomar en cuenta la personalidad ajena y que cuando se asocia a la orientación mitomaníaca puede desembocar en antisocialidad, así como con *la insensibilidad moral* respecto al carácter autoritario, obstinado, susceptible, decidido, audaz, combativo, aventurero e inclinado al reto.

Para Pinatel, el egocentrismo es un rasgo clave en su influencia para el paso al acto. Respecto al propio individuo, su incapacidad para juzgar un problema moral desde una perspectiva diferente a la suya que le lleva a declararse e incluso creerse inocente. Pasaría al acto no vencido por un deseo culpable, sino por sentirse legitimado para contrariar las normas sociales. Respecto a los demás, por su visión distorsionada del mundo ante la que reacciona tal como imagina que es, buscando su acomodación a su propio interés.

Los rasgos egocéntricos pueden presentarse en tres planos (Hickal, 2013): *intelectual* (exageración de los propios pensamientos e ideas que impide aceptar los de los demás, a quienes intenta imponer los suyos); *afectivo* (como un intento continuado de atraer y absorber la atención, el cuidado y el cariño de los que le rodean) y *social* (mediante la búsqueda del papel protagonista en cualquier faceta: como autoridad, como líder, como víctima…).

Desde un punto de vista más actual, el egocentrismo se entiende como una orientación cognitivo-afectiva centrada en el yo, que coloca las necesidades y deseos propios por encima de los derechos ajenos. No se limita a la autoestima elevada, sino que implica una cosmovisión autorreferencial y utilitarista (Andrews & Bonta, 2017).

4.1.1.1. Atributos característicos

- Creencia de superioridad y derecho a un trato especial.
- Escasa tolerancia a la frustración y las críticas.
- Minimización del sufrimiento ajeno.

- Instrumentalización de las relaciones interpersonales.
- Falta de remordimiento por las consecuencias de los propios actos.
- Perfeccionismo y autosuficiencia.
- Focalización en el propio interés.
- Necesidad constante de protagonismo.
- Ausencia de empatía.
- Distorsión de la realidad (rechazo a aquello no concordante con su autoconcepto).
- Distorsiones expresión verbal (focalización constante en sí mismo, incapacidad de escucha activa).

4.1.1.2. Implicaciones criminológicas

Se asocia a delitos patrimoniales, fraudes y violencia interpersonal. Estudios longitudinales han mostrado su relación con la persistencia delictiva y la dificultad de reinserción (Garrido, 2006; Walters, 2018). El egocentrismo favorece la neutralización de los sentimientos de culpa y la minimización del daño causado, potenciando la persistencia delictiva.

4.1.2. Inintimidabilidad: Labilidad afectiva

Se refiere a la inestabilidad emocional y la propensión a cambios bruscos de humor de gran intensidad y escasa duración, sin que exista un motivo aparente que los justifique. Este rasgo es común en delincuentes que exhiben comportamientos impulsivos y violentos, debido a su tendencia a reaccionar de manera extrema ante situaciones de estrés. Para algunos autores como Hare, la labilidad afectiva en los psicópatas y delincuentes antisociales puede estar vinculada a una incapacidad para regular las emociones, lo que da lugar a explosiones de ira o actos de violencia. Este rasgo también puede estar relacionado con la agresividad reactiva, donde las respuestas emocionales no están moduladas por la razón.

Para Herrero, la labilidad supone la capacidad de obviar sistemáticamente la amenaza de la sanción o de la pena que podría seguir a su infracción, sin representación de sus consecuencias negativas; potenciando la nociva influencia del egocentrismo para allanar el *"iter"* del delito. En virtud de ella, se tiende intensamente a gozar el placer inmediato, el momento presente por aparecer ante él como agradable y provechoso; sin que el sujeto activo, de personalidad notablemente versátil, fluctuante, sea capaz de prever las probables inconveniencias de su acto. Esta versatilidad se manifiesta en su emotividad, en su afectividad y en sus relaciones interpersonales. En fin, pasa con gran fluidez, de una situación a otra, con respecto a su humor.

Pinatel la define como la afectividad sometida a fluctuaciones drásticas en oposición a aquellas otras personalidades dominadas por los hábitos. Así, el sujeto lábil presentará un devenir y un comportamiento impredecible, actuando sin medida y sin penetrar profundamente en la situación, reaccionando de manera variable, caprichosa y sugestionable ante idénticos estímulos; sin inquietud sobre su futuro.

En el terreno de la clínica psiquiátrica se entiende al estudiar la conducta de los delincuentes que la regla es la labilidad, que los lleva a continuos cambios de profesión, de actitud ante cualquier contrariedad, a la versatilidad en las opiniones, incredulidad, hipersugestibilidad e incapacidad de resistencia a las tentaciones, así como a una exagerada impulsividad en sus actos desmesurados.

Bajo el ángulo psicológico, la voluntad mal integrada, con marcada tendencia a la inestabilidad afectiva, es entendida como fruto de una pobre organización dinámica del yo, interpretándola desde el rasgo de la emotividad neurótica (insatisfecho, emotivo, hipocondríaco, evasivo, inmaduro, cambiante, excitable, impaciente, inestable, despreocupado, de fácil queja y cambio moral).

El enfoque sociológico por su parte pone en evidencia la acusada inestabilidad afectiva como inconstancia en las emociones y el carácter impulsivo e imprevisto. Las faltas de inhibición, de solidez y el carácter primario de la labilidad, dibujan un sujeto con defectos en la voluntad, carácter imprevisible y ligero en sus reflexiones y en las consecuencias de sus actos, cambiante, agradable, mentiroso y sin palabra, con tendencia a actos súbitos y primariedad en sus reacciones.

Atribuye la concepción de la labilidad a teorías constitucionalistas, psicogenética y sociológica. Las teorías constitucionalistas relacionan la imprevisión del delincuente con una anomalía por defecto del instinto de conservación, así como en el sustrato orgánico, especialmente en lo referente a las funciones de los lóbulos frontales, que harían al sujeto incapaz de prever y de imaginar una anticipación del resultado de sus acciones. Las teorías psicogenéticas constatan la insuficiencia en el proceso de adaptación social por la dominación del instinto del placer en detrimento del principio de realidad, con inmadurez en las necesidades instintivas mediante el yo débil y la falta de independencia del super yo, relacionando la inmadurez personal y la emocional con la labilidad. Por último, desde las teorías sociológicas, son ciertas sociedades, sus estructuras y modos de vida las que potencia la inestabilidad cultural y la movilidad económica, favoreciendo el desarrollo psicológico de la labilidad en el plano individual.

4.1.2.1. Atributos característicos

- Déficit en autorregulación emocional (irritabilidad, hiperactividad, agresividad).
- Expresión afectiva imprevisible.
- Cambios bruscos de objetivos y de estado de ánimo.
- Inestabilidad en metas y relaciones.
- Respuestas agresivas a la frustración (violencia, desobediencia).

- Necesidad de recompensas inmediatas.
- Baja autoestima.
- Anhedonia.
- Escasa influencia del castigo sobre su conducta.
- Incapacidad de planificación de futuro ni anticipación consecuencia de su conducta.
- Ansiedad y depresión.

4.1.2.2. Implicaciones criminológicas

Predice la delincuencia juvenil, el inicio temprano en el delito y la violencia reactiva (Farrington et al., 2015). Se ha encontrado elevada en perfiles de delincuentes violentos y en consumidores de sustancias (Loeber & Farrington, 2012).

4.1.3. Nocividad: la agresividad

La agresividad es un rasgo común en las personalidades criminales y puede manifestarse en diferentes formas, como agresividad física, verbal o psicológica. Los delincuentes agresivos suelen utilizar la violencia para alcanzar sus objetivos o resolver conflictos. Es importante diferenciar entre la *agresividad reactiva*, que surge en respuesta a una provocación, y la *agresividad instrumental*, que se utiliza como un medio para un fin. Se relaciona, entre otras causas, con la carencia de habilidades para manejar la frustración o el estrés.

Herrero (2013) diferencia entre una *agresividad positiva*, necesaria para alcanzar las metas constructivas, orientadas a la legítima y necesaria realización del ser humano haciendo frente a los obstáculos que sobrevienen en el curso de la vida, siempre dentro del orden moral, social y jurídico; y una *agresividad negativa* necesaria para llevar a cabo las empresas ilícitas (incluido el crimen) haciendo frente, sin atender a la moral, a lo social, al Derecho, a los obstáculos que a aquéllas se opongan. Esta agresividad es la posesión del impulso necesario para vencer o eliminar los obstáculos y las dificultades que lleva consigo el paso al acto criminal. Respecto a la agresividad negativa, Sánchez (2012) distingue entre:

- *Agresividad intermitente u ondulante*: caracterizada por presentarse mediante ráfagas, propia de temperamentos ciclotímicos y habitualmente acompañada de labilidad afectiva.
- *Agresividad explosiva o impulsiva*: caracterizada por estallidos comportamentales que suelen provenir tras una fase de inactividad en personas tranquilas, de manera que el sujeto en un determinado momento realiza acciones, casi siempre violentas y poco productivas, dirigidas a vencer los obstáculos que se interponen en sus objetivos. Es típica de personalidades epileptoides con tendencias a descargas motóricas que, de coexistir con tendencia al bajo control social, suele ser destructiva.
- *Agresividad continuada o constante*: caracterizada por su continuidad y obstinación irreductible, reiterativa, propia de personalidades esquizotímicas, fanáticas y obstinadas.

Define la agresividad como el conjunto de patrones de actividad que pueden manifestarse con intensidad variable, incluyendo desde la pelea física hasta los gestos o expansiones verbales que aparecen en el curso de cualquier negociación. La *conducta agresiva* es una manifestación básica en la actividad de los seres vivos. Su presencia en la totalidad del reino animal y los resultados de la investigación sobre la misma le dan el carácter de fenómeno multidimensional: puede presentarse en *el nivel físico* (como lucha con manifestaciones corporales explícitas), en el *nivel emocional* (como rabia o cólera, manifestándose a través de la expresión facial, los gestos o el cambio de tono o volumen en el lenguaje), o en el *nivel cognitivo* (como fantasías destructivas, elaboración de planes agresivos o ideas de persecución propia o ajena). Finalmente, es en el *nivel social* el marco donde de una manera u otra toma forma concreta la agresividad.

La agresividad es generalmente entendida como dirigida hacia fuera, hacia el otro, siendo efectivamente su manifestación más frecuente, denominada *heteroagresiva.* Pero también puede dirigirse hacia uno mismo directa o indirectamente, denominándose en este caso como *autoagresiva.*

Según su naturaleza, la agresividad podría estudiarse desde los *planos fisiológicos* (aquellos referidos a la generada por influencias físicas tales como el hambre; afectivas tales como la pasión; o *sociales* tales como los conflictos) y *patológicos* (derivada de reacciones inmotivadas o inconscientes, por reacciones mórbidas debido a enfermedad, o resultantes de trastornos de la inteligencia, el carácter o las perversiones instintivas).

Los mecanismos de tipo psicofisiológico incluyen las distintas reacciones fisiológicas (aumento de presión arterial, del pulso, la respiración, la transpiración...) con un sustrato inducido por aspectos neuroendocrinos, determinados neurotransmisores, aspectos genéticos y de configuración cerebral.

Los mecanismos de tipo psicosocial atienden a la influencia grupal (tanto positiva como negativa) en la producción de la agresividad; señalando como factores criminógenos como productores de inseguridad, angustia y culpabilidad que pueden conducir a la agresividad. En definitiva, la agresividad sería una tendencia inconsciente y primitiva con la que se nace, modulada e interiorizada socialmente a lo largo de la vida, singularmente en la infancia (Ruther y Giller, 1988).

Según su alcance, puede observarse dependiendo de su carácter *ocasional* (espontaneidad, ocasionalidad e imprevisión), *marginal* (perdurable, ejecutada con escasos medios, impredecible en su repetición) o *profesional* (perdurable, adaptada a la realidad criminal, prevista y planificada).

Respecto a su etiología, son tres las principales teorías:

- Las *innatistas*, para las que los instintos supondrán una disposición del organismo ante aquello de lo que deba estar atento para su conservación, determinada por su carácter filogenético y sus fundamentos fisiológicos.

- La *psicogenética*, que interpreta la agresividad como consecuencia de la frustración derivada de la imposibilidad o dificultad para alcanzar los objetivos previstos por el sujeto; lo que le llevará a una reacción psicológica colérica encaminada a conseguir sus objetivos. La agresividad provocada por la frustración aumentaría grandemente las posibilidades de llegar a la agresión, pudiendo desembocar también en situaciones de huida, de esfuerzo por conseguir las metas, de sublimación o de rechazo, aunque siempre bajo planteamientos agresivos.
- La *sociológica* ve la agresividad como una tendencia de actuación modificable por la cultura, influyendo en sus diversas manifestaciones (humillando, ignorando o depravando).

4.1.3.1. Atributos característicos

- Rencor y actitudes vengativas
- Bajas habilidades de resolución de conflictos
- Alta reactividad fisiológica ante la provocación
- Fantasías agresivas recurrentes
- Sensaciones placenteras con la intimidación
- Tendencia al desafío y discusión
- Propensión a la violencia

4.1.3.2. Implicaciones criminológicas

Es un predictor robusto de delitos violentos, homicidios, violencia doméstica y delitos de odio. Estudios longitudinales demuestran que predice la reincidencia violenta incluso controlando otros factores de riesgo (Loeber & Farrington, 2012).

4.1.4. Nocividad: indiferencia afectiva

Para Herrero (2013), consiste en la ausencia de resonancia endotímica, de sensibilidad empática y moral para con la persona del prójimo y, por lo mismo, con la desventura, desgracia o daño, que vaya a sobrevenirle con la acción delictiva. Si esta ausencia no se diera, aunque estuviesen presentes los otros tres elementos, el individuo no pasaría al acto. Porque, entonces, no fallaría el último freno inhibidor. Hikal (2013) la define como ausencia de sentimiento, distorsión de la expresión de las emociones, aplanamiento afectivo, "falta de emotividad o inhibición de los afectos" respecto a la víctima.

Sánchez (2012), siempre siguiendo a Pinatel, se refiere a la indiferencia afectiva como la insensibilidad moral, la ausencia de experimentación de emociones ni inclinaciones altruistas. El indiferente afectivo está dominado por el egoísmo y la frialdad hacia el prójimo. Es una falta de afecto (entendido como un proceso de interacción social que expresa una emoción, generalmente de signo positivo como el amor o el cariño).

La indiferencia afectiva se denominó en los primeros estudios criminológicos al respecto "insensibilidad moral", término que en la actualidad sigue considerándose como sinónimo por su popularidad. Conviene por tanto antes de continuar distinguir entre los conceptos de amoralidad e inmoralidad. La *amoralidad* se corresponde con aquella característica de personalidad por la que un sujeto no tiene capacidad para tener *moral*, entendida ésta como el entendimiento de las normas que regulan el comportamiento en relación con el bien y el mal y los deberes que implican. Distinta es la *inmoralidad*, en la que el sujeto tiene capacidad y sensibilidad moral, pero a pesar de ello no la tiene en cuenta.

Así, respecto a la indiferencia afectiva podemos encontrarnos con dos tipos de individuos, aquellos que con insensibilidad moral y haciendo juicios de valor actúan caprichosamente como consecuencia de su falta de resonancia y los indiferentes afectivos que, conociendo los valores, el daño de sus actos y el perjuicio o sufrimiento que ocasiona, decide actuar igualmente.

La noción de indiferencia afectiva se traduce en la actualidad en su identificación con un rasgo psicológico caracterizado por un defecto de inhibición y con la capacidad de permitir el cumplimiento de un acto que supone un sufrimiento para la víctima, describiendo los mecanismos psicológicos que permiten justificar la transgresión de normas sin experimentar culpa; y puede estudiarse desde distintos enfoques:

El *psiquiátrico,* que lo asimilaba a la psicopatía por caracterizarse por reacciones poco adaptadas y afectivamente frías.

El *bioconstitucional* atribuye la frialdad afectiva y las reacciones poco adaptadas a anomalías psíquicas con relación a la estructura fundamental de la personalidad, especialmente respecto a la sensibilidad moral.

El *psíquico* entiende que el sentimiento de injusticia sufrida por el sujeto se corresponde con la expresión de su egocentrismo y su incapacidad para el compromiso afectivo.

Estos enfoques coinciden en la importancia atribuida a la naturaleza constitucional y la educación. Así, las teorías fundamentadas en el *déficit constitucional* se caracterizan por el placer mórbido del sufrimiento ajeno respecto a la perversión moral, con tendencias que impiden al sujeto adaptarse a la vida en sociedad asumiendo sus leyes. Desde la psicología, se ha incidido en la posibilidad de la indiferencia afectiva como expresión de una *carencia en la educación* centrada en las primeras etapas del desarrollo evolutivo, en las que se aprenden experiencias afectivas que enseñan a diferenciar sentimientos de amor y odio e interiorizarlas y que el sujeto afectado no ha conocido, lo que produce un estado permanente de inhibición afectiva que no supondrá un freno a los instintos agresivos.

Es de interés conocer también el *concepto de desconexión moral* propuesto por Bandura et al. (1996) como "un conjunto de mecanismos de autorregulación cognitiva y conductual que permiten racionalizar y legitimar las conductas disruptivas y delictivas, desactivando aquellas barreras inhibitorias habituales vinculadas al juicio moral". Este autor propone la existencia de ocho mecanismos de autorregulación cognitiva y conductual para conseguir la desconexión moral (Navas, M. P., Balmaseda, M. L., Gómez-Fraguela, J. A. y Sobral, J. (2023):

(1) Justificación moral del daño cometido sobre terceros como un medio para conseguir un fin superior.

(2) Empleo del lenguaje eufemístico para reducir las connotaciones negativas que implican ciertos términos descriptivos de las acciones criminales o antisociales.

(3) Reducción de la importancia de la conducta evaluada mediante una comparación ventajosa con otra más grave para que lo parezca notablemente menos o directamente insignificante.

(4) Desplazamiento de la responsabilidad mediante procesos de atribución a factores externos al sujeto, tales como la voluntad o el poder de otros.

(5) Difusión de la propia responsabilidad entre otras agencias causales, frecuentemente, un grupo.

(6) Distorsión de las consecuencias.

(7) Deshumanización de la víctima mediante un proceso de eliminación de sus cualidades humanas para percibirla como un objeto carente de sentimientos y dignidad, no susceptible de su respeto.

(8) Atribución de la culpa a las víctimas, transfiriendo a estas la responsabilidad de provocar o forzar el comportamiento del agresor.

4.1.4.1. Atributos característicos

- Emociones superficiales y limitadas.
- Expresión afectiva restringida, escasa empatía
- Insensibilidad al sufrimiento ajeno.
- Ausencia de remordimiento.
- Falta de respuesta emocional ante hechos significativos.
- Minimización o justificación de actos lesivos.
- Relaciones interpersonales utilitarias y superficiales.
- Ausencia de ansiedad ante el castigo.

4.1.4.2. Implicaciones criminológicas

Favorece delitos planificados y repetitivos, en particular agresiones sexuales y homicidios instrumentales. Dificulta los procesos de rehabilitación y pronóstico (Salekin et al., 2010). Actúa como un amortiguador de la disonancia cognitiva y sostiene trayectorias delictivas crónicas (Garrido, 2006).

4.1.5. Elementos periféricos de la personalidad criminal

Entendido que los rasgos nucleares de la personalidad criminal modulan el umbral delincuencial, Herrero (2013) sostiene que han de acompañarse de otros elementos complementarios psicológicos y/o físicos que sin predisponer a delinquir son en cierto grado necesarios para la orientación delictiva (la ideación y selección concretas del registro delictivo) y para la ejecución material de la acción o acciones antisociales e ilícitas elegidas (el paso al acto criminal); íntimamente relacionados con la adaptabilidad social.

4.1.6. Concepto de adaptabilidad social

La adaptabilidad social implica la capacidad individual para actuar conforme a las exigencias del medio social en que el sujeto se desenvuelve. Supone, en líneas generales la asunción e integración de las normas sociales, lo que conlleva que en ocasiones la persona haya de realizar esfuerzos o sacrificios para conciliar su propia moral con la colectiva.

La capacidad de adaptación social se desarrolla de modo particular en cada persona, atendiendo a características y manifestaciones particulares en cada fase del desarrollo tanto físico como psíquico y en relación con el grado de inteligencia, de experiencias y con el tipo de relaciones personales y sociales. Supone un proceso abierto y en continua evolución, en sintonía tanto con las condiciones individuales como con los requerimientos del medio. Esto implica que cualquier persona considerada socialmente adaptada puede incurrir en situaciones puntuales de inadaptación de gravedad y duración variable, sin que ello suponga un giro total hacia un estilo social inadaptado, sino más bien una incapacidad puntual de lograr esa congruencia entre sus propios valores y los socialmente asumidos.

Llegados a este punto, conviene clarificar también el concepto de inadaptación social. Siguiendo a Herrero, deben considerarse dos elementos o aspectos integrantes del mismo. Uno, de carácter *subjetivo,* que hace referencia a la ausencia de algunas o de todas las condiciones favorables, sean internas o exógenas, que impiden o dificultan grandemente al individuo la proyección efectiva de sus actitudes favorables para armonizar la coexistencia con la realidad social; y otro, de naturaleza *objetiva,* constituido por comportamientos de la persona difícilmente compatibles, por su repercusión dañosa o negativa para con los derechos de los demás, con una adecuada integración en la comunidad.

Por tanto, puede llamarse desadaptado (inadaptado) al individuo que no aspira a establecer relaciones de empatía con su entorno, profesando una gama de valores contrarios a los de una elemental solidaridad y de una convivencia razonable, y que proyecta y expresa en su comportamiento habitual. Para Ponce (2009, en Herrero, 2013) "el inadaptado social es una persona que por su comportamiento en interacción con los demás y por su estilo de vida no encaja en los patrones normales de comportamiento social, aceptados por la comunidad", y sostiene que la inadaptación no es el resultado de una relación lineal y unidimensional sino de la confluencia interactiva de varios factores o contextos.

Efectuadas estas necesarias precisiones conceptuales, en el ámbito clínico criminológico debemos entender la adaptabilidad social como un comportamiento superficial, acorde con el medio social y fundamentalmente relacionada con los medios y usos profesionales y técnicos, pero desconectado con las normas y valores básicos de esa sociedad. Se trata de una adaptación social meramente finalista e instrumental, dirigida a la consecución de sus fines delictivos y desarrollar su estilo de vida inadaptado siendo capaz de pasar inadvertido como tal. Esa capacidad para utilizar los medios o instrumentos necesarios para su actividad criminal (con independencia de que puedan estar diseñados con fines absolutamente lícitos o morales) le sirve para todas las fases del *iter criminis*.

Resulta de interés, por su posible incidencia en el ámbito de actuación del criminólogo clínico durante la elaboración de un perfil de peligrosidad criminal, tener en cuenta algunas conductas llevadas a cabo por adolescentes que, siendo objetivamente antisociales o delictivas, no deben ser consideradas como inadaptadas. Son las que Le Blanc denomina *conductas de ocasión* (comportamientos marginales menores, que forman parte de los riesgos que toda persona, en esa edad, se ve obligado a aceptar aún de modo inconsciente para aprender a vivir en sociedad, "es el precio que han de pagar" para ello), y *conductas de transición*, relacionadas con comportamientos delictivos más graves realizados en la fase transicional de la adolescencia a la juventud o en situaciones excepcionales de anomalías dentro del contexto familiar o escolar. La mayor parte de estos jóvenes no siguen ninguna carrera delincuencial al finalizar esta etapa de su desarrollo.

Por otra parte, existe cierta tendencia a considerar íntimamente relacionadas la capacidad de adaptabilidad social con la psicopatía, atendiendo a dos factores: la casi plena coincidencia de los rasgos nucleares de la personalidad criminal estudiados con aquellos que definen al psicópata, y su capacidad para desenvolverse en su medio social con éxito, refiriéndonos en este contexto al denominado "psicópata integrado" que Garrido (2024) define como aquel capaz de eludir su identificación como tal; y que pueden vivir en sociedad como delincuentes que no son reconocidos como tales o como psicópatas "funcionales" que no delinquen pero generan daños a las personas con las que conviven y se relacionan. No obstante, conviene señalar que sería un error identificar a un sujeto como psicópata únicamente por poseer una elevada adaptabilidad social.

4.2. RASGOS PERIFÉRICOS DE LA PERSONALIDAD CRIMINAL

Herrero señala someramente como rasgos periféricos de la personalidad aquellos identificados por Pinatel como variables de personalidad no constituyentes de la misma por no tener relación directa con el paso al acto, pero sí con las modalidades de ejecución del acto criminal. No tendrían una capacidad directa para impulsar la actividad criminal, radicando su valor en su capacidad para caracterizar al delincuente en relación con su motivación, elección de un determinado registro delictivo y habilidad para su ejecución.

Los rasgos periféricos son características moduladoras o circunstanciales: influyen en la expresión y frecuencia de la conducta delictiva, pero no son en sí mismos factores motores. Su importancia radica en que interactúan con los rasgos nucleares y con factores situacionales, pudiendo potenciar, atenuar o modelar las trayectorias delictivas (Andrews & Bonta, 2017; Garrido, 2006).

Estos rasgos periféricos son aquellos relativos a la actividad temperamental (delincuentes activos o pasivos); a las aptitudes físicas (delincuentes robustos o débiles); a la capacidad intelectual; o las necesidades nutritivas y sexuales. Su delimitación varía según autores, por lo que se exponen aquellos atributos sobre los que hay mayor consenso.

4.2.1. Inmadurez afectiva

Dificultad para regular y expresar emociones de modo adaptativo, con tendencia a reacciones desproporcionadas, propias de etapas evolutivas inmaduras y dificultad para establecer vínculos profundos.

4.2.2. Dependencia

Necesidad excesiva de apoyo emocional y aprobación de los demás, junto a miedo intenso a la separación (Millon, 2011).

4.2.3. Conductas adictivas y consumo de sustancias tóxicas

Patrón de uso compulsivo de alcohol, drogas u otras sustancias que alteran el control inhibitorio.

4.2.4. Déficit en habilidades sociales

Carencia de destrezas para la comunicación asertiva, la resolución de conflictos y la toma de decisiones cooperativas.

4.2.5. Conducta antisocial aprendida

Incorporación de valores y conductas delictivas a través de procesos de aprendizaje social (Akers, 2017).

4.2.6. Estilo de vida parasitario

Dependencia crónica de los recursos de otros (familia, parejas, amigos o víctimas), sin intención de asumir responsabilidades, hacer esfuerzos legítimos y mostrar indiferencia por las consecuencias.

4.2.7. Atributos característicos

Para una mejor comprensión se incluyen en la siguiente tabla con indicación del rasgo periférico al que corresponden.

Tabla 1. *Atributos característicos de elementos periféricos de personalidad criminal*

Dificultad para regular y expresar emociones de modo adaptativo	Inmadurez afectiva
Tendencia a reacciones desproporcionadas	Inmadurez afectiva
Dificultad para establecer vínculos profundos	Inmadurez afectiva
Reacciones emocionales infantiles o desproporcionadas	Inmadurez afectiva
Dificultad para asumir responsabilidades	Inmadurez afectiva
Sumisión en las relaciones	Dependencia
Tolerancia de vínculos disfuncionales	Dependencia
Dificultad para actuar de forma autónoma	Dependencia
Comportamientos autodespreciativos (aguantar maltrato o abuso)	Dependencia
Necesidad de ampararse en una relación como fuente de cuidado y apoyo	Dependencia
Temor intenso a la separación o abandono	Dependencia
Necesidad compulsiva de consumo de sustancias tóxicas (*craving*)	Conductas adictivas y consumo de sustancias

Consumo en situaciones peligrosas o indebidas (conducción, uso de maquinaria)	Conductas adictivas y consumo de sustancias
Deterioro de obligaciones laborales, académicas o familiares	Conductas adictivas y consumo de sustancias
Abandono o reducción de actividades sociales o recreativas	Conductas adictivas y consumo de sustancias
Aislamiento progresivo, limitando el círculo social a otros consumidores	Conductas adictivas y consumo de sustancias
Dificultad para expresar emociones y comunicación verbal/no verbal	Déficit en habilidades sociales
Escasa empatía en interacciones cotidianas	Déficit en habilidades sociales
Problemas para mantener empleos o relaciones estables	Déficit en habilidades sociales
Afrontamiento inadecuado de conflictos	Déficit en habilidades sociales
Bajo rendimiento en contextos cooperativos	Déficit en habilidades sociales
Interiorización de normas y modelos criminales	Conducta antisocial aprendida
Normalización de la violencia y el delito	Conducta antisocial aprendida
Pertenencia a grupos delincuenciales	Conducta antisocial aprendida
Ausencia de relaciones vitales a largo plazo	Estilo de vida parasitario
Dependencia económica de recursos sociales y familiares	Estilo de vida parasitario
Explotación de relaciones íntimas para obtener beneficios	Estilo de vida parasitario
Rechazo sistemático de trabajo estable y de búsqueda de empleo	Estilo de vida parasitario
Estilo de vida hedonista	Estilo de vida parasitario
Acumulación de deudas, impagos, préstamos sin intención de devolución	Estilo de vida parasitario

4.2.8. Implicaciones criminológicas

La dependencia afectiva puede llevar a la participación en delitos en coautoría o por influencia de grupos (bandas juveniles, sectas, crimen organizado). El consumo de sustancias es uno de los factores criminógenos más documentados, vinculado a delitos patrimoniales, violencia y reincidencia. La conducta antisocial aprendida facilita la transmisión intergeneracional del crimen y explica fenómenos de criminalidad en banda.

4.3. PERSPECTIVA INTEGRADORA

El estudio de la personalidad criminal requiere una visión holística que supere el análisis aislado de rasgos. Los rasgos nucleares (como egocentrismo, impulsividad o frialdad afectiva) constituyen el motor básico de la conducta antisocial, mientras que los periféricos (inmadurez afectiva, baja autoestima, dependencia, etc.) modulan su expresión y pueden actuar como catalizadores o amortiguadores del comportamiento delictivo.

Desde esta perspectiva, la personalidad criminal se entiende como un sistema dinámico de interacciones en el que los rasgos se influyen recíprocamente y se combinan con factores situacionales (historia vital, contexto social, oportunidades delictivas). Esta concepción responde a los modelos criminológicos contemporáneos de riesgo-necesidad-responsividad, que integran variables estáticas y dinámicas para explicar la delincuencia (Andrews & Bonta, 2017).

Para una mejor comprensión de cómo pueden interactuar rasgos nucleares y periféricos se señalan a continuación algunas interacciones típicas y se aplican a un ejemplo práctico.

4.3.1. Interacciones típicas

Egocentrismo y baja autoestima

Aunque parecen opuestos, con frecuencia coexisten. El egocentrismo permite a la persona imponer sus deseos, mientras la baja autoestima genera una sensación de inadecuación que puede derivar en conductas agresivas de autoafirmación. Este binomio se observa, por ejemplo, en agresores que reaccionan de manera violenta ante una humillación percibida.

Impulsividad y consumo de sustancias

La impulsividad incrementa la probabilidad de iniciar el consumo, mientras que el consumo reduce el control inhibitorio, retroalimentando la impulsividad. Esta espiral favorece delitos de oportunidad, robos y agresiones.

Frialdad afectiva y estilo de vida parasitario

La ausencia de empatía y la visión instrumental de las relaciones proporcionan un terreno propicio para conductas de explotación económica y estafas, donde el autor mantiene vínculos únicamente por beneficio personal.

Ejemplo aplicado: violencia de pareja con patrón mixto

Un varón de 32 años con antecedentes de consumo problemático de alcohol es evaluado tras varios episodios de violencia de pareja. La valoración criminológica revela:

- Rasgos nucleares:
    - Impulsividad elevada, con dificultad para anticipar consecuencias.
    - Hostilidad latente, con fantasías de control sobre la pareja.
    - Egocentrismo, que le lleva a considerar que "tiene derecho" a decidir sobre la vida de su compañera.

- Rasgos periféricos:
  - Inmadurez afectiva, reflejada en cambios bruscos de humor.
  - Baja autoestima, que le hace sentir amenazado ante la idea de abandono.
  - Consumo de alcohol, que disminuye su control inhibitorio.

Durante una discusión por celos, la combinación de hostilidad, baja autoestima y consumo de alcohol desencadena una agresión física grave. El análisis clínico permite comprender cómo los rasgos nucleares proporcionan el motor de la conducta (hostilidad, egocentrismo), mientras que los periféricos (baja autoestima, inmadurez, abuso de sustancias) actúan como aceleradores situacionales.

Cap. 5

Metodología aplicada al perfil de peligrosidad criminal

5.1. CRIMINOGÉNESIS Y CRIMINODINAMIA

Resulta imprescindible para lograr un buen perfil de peligrosidad criminal conocer la criminogénesis y la criminodinamia del hecho. Como indica Herrero (2007) solo puede accederse al conocimiento de la realidad por sus causas, que en el ámbito criminológico se aplica al conocimiento de los factores del fenómeno criminal respecto de su génesis, de su dinámica, de su ámbito y de sus consecuencias individuales y sociales puede accederse a la comprensión del fenómeno con garantías de éxito.

Siguiendo a Rodríguez Manzanera (1993), entendemos la *criminogénesis* como el estudio del origen o principio de la conducta criminal, que por extensión incluiría el conjunto de factores y causas que dan por resultado la conducta antisocial. La *criminodinamia* es la explicación de los procesos seguidos para llegar a la conducta antisocial, incluyendo la dinámica en la que se estableció el delito, el conjunto de elementos que se establecieron para su ejecución y el contexto que lo antecede, lo precede y el análisis del momento mismo en el que el sujeto cometió el crimen; considerando que sin criminogénesis no puede resolverse la criminodinámica (no podemos entender cómo se lleva a cabo el hecho criminal sin comprender sus causas).

En el siguiente cuadro se muestran los principales elementos diferenciales entre criminogénesis y criminodinamia:

Tabla 2. Elementos diferenciales entre criminogenésis y criminodinamia

	Criminogénesis	Criminodinamia
Concepto	Estudio de los factores y procesos que originan la conducta antisocial	Estudio de las circunstancias y factores que influyen en el desarrollo de la conducta antisocial
Enfoque	Causas y factores de riesgo	Comportamiento delictivo o antisocial y factores influyentes en su expresión
Objetivos	Comprender las raíces del delito para prevenir su ocurrencia	Comprender las circunstancias y factores que influyen en el comportamiento delictivo para prevenir su repetición
Ámbito	Factores criminógenos	Conducta expresada y circunstancias concurrentes

Un concepto que guarda íntima relación con los anteriores es el de *causa criminógena,* entendida como "la condición necesaria sin la cual un cierto comportamiento no se habría jamás manifestado"; y que forzosamente trae un efecto, en este caso la conducta antisocial. No debe confundirse *causa* con *móvil,* siendo éste el elemento subjetivo que conduce a una persona a llevar a cabo una conducta antisocial.

Señala con acierto que en Criminología interesa resolver el problema de la causalidad directa entre conducta y resultado. No obstante, como indica Herrero (2013), el concepto de causa no debe asumirse de forma determinista o fatalista, pues exceptuando supuestos minoritarios de psicopatologías o trastornos de personalidad muy graves, cualquier persona puede manejar y superar los condicionamientos o factores que puedan actuar como estímulos para dar el paso al acto delictivo.

No debe olvidarse la complejidad de la conducta criminal, producto de múltiples causas relacionadas y dependientes entre sí, constituyendo el desafío de desentrañar las causas de un hecho concreto "un juego complejo y nada fácil de descifrar", en palabras del propio Rodríguez Manzanera.

5.2. SITUACIÓN CRIMINÓGENA

Para estudiar cómo ha surgido el hecho criminal objeto de investigación es preceptivo comenzar por analizar las circunstancias concurrentes en el mismo. Partiremos entonces siguiendo a Herrero (2013) de la denominada *situación criminógena*, entendida como la circunstancia o conjunto de circunstancias exógenas en cuyo ámbito y con cuyo concurso el individuo ha de llevar a cabo su propósito en un contexto que puede ser favorable, desfavorable o mixto.

La situación criminógena puede darse espontáneamente (se presenta por coincidencia o sin buscarla, más propia del delincuente pasivo) o ser provocada (buscada a propósito, habitual pero no exclusiva en el delincuente activo, pues si se le presenta espontáneamente también la aprovechará). Juega aquí un papel importante la consideración que se da a la situación por el sujeto y que en definitiva la convertirá (o no) en criminógena: cuando se le representa como posible, favorable y rentable para actuar.

Kernberg distingue, tomando como referencia la intensidad criminógena de la situación en relación con el sujeto, tres tipos de situaciones criminógenas:

La *situación específica o peligrosa*, que refleja la tendencia o pulsión latente al paso al acto en sintonía con el registro de delito concreto a cometer (por ejemplo, el rencor u odio al extranjero con relación a delitos xenófobos).

La *situación no específica o amorfa*, caracterizada por ser expresamente buscada para la comisión del delito, y supone por tanto el cumplimiento de todas las fases del *iter criminis* (ideación, preparación, ejecución…).

La *situación mixta*, en la que el virtual delincuente se encuentra con la ocasión de cometer el delito, pero sin que exista, necesariamente, sintonía o afinidad específica entre el impulso criminal de aquél y la estimulación de la ocasión o situación. (Así, por ejemplo, los miembros materialmente ejecutores dentro de los grupos de delincuencia organizada).

En el contexto de cualquier situación potencialmente criminógena se encuentran los *factores criminógenos,* entendidos como todo elemento o estímulo que favorece o interviene en la producción del fenómeno criminal. Debemos a Ferri la primera clasificación de los factores criminógenos, que dividía en antropológicos (constituidos por la constitución orgánica, psíquica y las características personales del criminal), físicos (relacionados con el tiempo, el clima y la geografía) y sociales (que incluían una amplia amalgama de circunstancias sociales).

5.3. LOS FACTORES CRIMINÓGENOS

Es importante la distinción entre factor (que influye) y causa (que produce). En Criminología suele hacerse referencia al factor en el nivel de interpretación general (la criminalidad), en tanto que la causa se utiliza a nivel conductual (el delito). Los más habitual es que los factores criminógenos a nivel general se transformen en causas a nivel individual. Así, por ejemplo, el alcoholismo, como factor criminógeno general, puede ser la causa de un determinado delito como la conducción bajo la influencia de bebidas alcohólicas. Pueden ser de carácter endógeno (se encuentran en el propio individuo) o exógeno (son externos y ajenos al mismo).

En el análisis de la criminogénesis y la criminodinamia deben por tanto contemplarse todos aquellos factores criminógenos que, de algún modo, pueden influir en la causa o causas del hecho cometido por el sujeto de estudio, así como en su ejecución.

En este sentido, deben contemplarse aquellos que actúan como activantes que facilitan la conducta antisocial (*factores crimino-impelentes*) o como inhibidores conductuales, impiden o frenan al individuo (*factores crimino-repelentes,* también denominados *neutralizantes, de resistencia o contrafactores*). De este modo, podemos contemplar dos hipótesis para llegar a la conducta antisocial: aquella en la que ante activantes comunes el sujeto actúa al no concurrir factores inhibidores o su acción es muy débil; y aquella en la que, a pesar de la existencia de inhibidores bastantes y suficientes, el sujeto está tan activado, tiene tan enorme predisposición a la conducta antisocial, que los neutraliza y comete el delito. Por lo tanto, para un correcto dictamen criminológico deben tenerse en cuenta ambos tipos de factores, pues la peligrosidad del sujeto solo puede fijarse conociendo, valorando y comparando ambas fuerzas (Rodríguez, 1993).

Los *factores predisponentes* son aquellos de naturaleza fundamentalmente endógena y carácter biológico o psicológico que hacen al sujeto particularmente proclive a la conducta antisocial, como déficits cognitivos, ausencia de valores morales, discapacidad física o mental, ausencia de apego familiar…

Los *factores preparantes* son de naturaleza exógena y carácter generalmente social o mixto, y actúan por una parte potenciando los activantes y por otro neutralizando los inhibidores de la conducta; siendo el alcohol el factor preparante por excelencia, muy presente en la comisión de gran cantidad de hechos delictivos.

Los *factores desencadenantes* son aquellos de naturaleza endógena o exógena que precipitan los hechos y a los que muy habitualmente pero erróneamente se les otorga mayor importancia en el análisis, puesto que en multitud de ocasiones son producto del simple azar; siendo más importantes los predisponentes por su mayor influencia en la peligrosidad y por condicionar al desencadenante. Un insulto, un acto sentido como agresión o una alucinación son ejemplos de factores que pueden ser desencadenantes o no dependiendo de los factores predisponentes del sujeto.

Todos los factores conforman la ecuación criminológica del sujeto, no debiendo olvidar que tiene un carácter dinámico, puesto que, si bien los factores criminógenos endógenos son difícilmente modificables, los exógenos pueden, y de hecho lo hacen, cambiar o evolucionar.

5.4. EL ESTUDIO VICTIMOLÓGICO EN LA COMPRENSIÓN DE LA CRIMINOGÉNESIS Y LA CRIMINODINAMIA

En el proceso metodológico de análisis de la peligrosidad criminal, el estudio de la víctima constituye un elemento imprescindible para la comprensión integral del fenómeno delictivo. Desde la perspectiva clínica, el delito no puede entenderse como producto exclusivo de las disposiciones del autor, sino como resultado de una interacción dinámica entre sujeto, víctima y contexto (Herrero, 2014). La inclusión del componente victimológico permite reconstruir con mayor precisión los mecanismos de la criminogénesis —las causas que originan la conducta delictiva— y de la criminodinamia, referida al modo en que dicha conducta se desarrolla y actualiza.

La Criminología Clínica ha incorporado progresivamente el análisis de la víctima dentro de su campo operativo, superando los enfoques centrados únicamente en el delincuente. La víctima deja de ser un elemento pasivo para convertirse en un factor analítico clave, cuya personalidad, hábitos, entorno y relaciones pueden incidir en la selección, motivación y desencadenamiento del hecho criminal. En este sentido, el estudio victimológico ofrece información esencial sobre los vínculos previos con el agresor, las circunstancias situacionales del delito y los factores de vulnerabilidad o exposición que pudieron favorecer la interacción criminógena.

Autores clásicos como Von Hentig (1948) y Mendelsohn (1956) fueron los primeros en destacar la necesidad de analizar la contribución funcional de la víctima al proceso delictivo, sentando las bases de la Victimología moderna. Posteriormente, Fattah (1979, 1991) amplió esta visión integrando factores sociales y psicológicos, y concibiendo la victimización como un proceso relacional más que como un estado. Desde un enfoque clínico-criminológico, esta perspectiva permite comprender mejor la estructura del acto delictivo y elaborar un diagnóstico más ajustado de la peligrosidad individual, considerando la interacción entre predisposición delictiva y contexto de oportunidad.

Es importante evaluar, como en el caso del victimario, los posibles *factores victimógenos*, que pueden ser de tipo exógeno (pertenencia a una determinada etnia, desadaptación social, profesión, núcleo familiar), endógeno (carácter y temperamento, edad, sexo, posible discapacidad) y situacionales (con origen en la teoría de la oportunidad: la existencia de una víctima vulnerable, una vigilancia insuficiente y un infractor motivado).

Implicaciones para la evaluación de la peligrosidad

Debe considerarse el papel de la víctima como posible factor predisponente, preparante o desencadenante del hecho criminal

En la criminogénesis, el análisis victimológico permite:

- Identificar desencadenantes situacionales específicos.
- Determinar la posible contribución de la víctima al suceso.
- Comprender los criterios —conscientes o inconscientes— de selección de víctimas y su relación con el grado de vulnerabilidad que presentan.
- Evaluar la especificidad del riesgo, es decir, si la peligrosidad se dirige hacia víctimas con características concretas.

En la criminodinamia, el análisis de la dinámica delictiva (la interacción entre víctima y agresor antes, durante y después del hecho) aporta información sobre:

- Escalada conductual: cómo evolucionó la interacción hasta el acto delictivo, estudiando la reacción y actitud de la víctima.
- Mecanismos de neutralización: justificaciones que el autor construye a partir de la percepción de la víctima.
- Ritualización: patrones repetitivos en la selección y abordaje de víctimas, especialmente relevante en delitos seriales.

En consecuencia, el análisis victimológico no sólo complementa el estudio de los factores criminógenos, sino que constituye un puente metodológico hacia la interpretación del paso al acto. Al explorar la relación entre víctima y victimario se revelan los detonantes emocionales, situacionales o simbólicos que facilitan la transición de la intención al comportamiento criminal. Por ello, el perfil clínico-criminológico debe integrar siempre una fase de análisis victimológico que permita delimitar las variables relacionales y situacionales implicadas en la génesis y dinámica del delito, favoreciendo un diagnóstico más completo y una intervención más ajustada.

5.5. EL PASO AL ACTO

Podemos considerarlo como el punto de unión entre la criminogénesis y la criminodinamia. Es el momento en el que coincide la situación criminógena con los factores situacionales que hagan posible y tal vez atrayente la ejecución del hecho; con independencia de que la situación haya sido buscada o no por el sujeto. Para Pinatel, viene determinado por la fuerza de la pulsión hacia el crimen. En la mayoría de los sujetos, de existir tal pulsión, es generalmente neutralizada por los factores inhibidores, siendo cuando fracasa esa neutralización cuando surge el delito de manera puntual. En cambio, el delincuente habitual o profesional carece de mecanismos inhibitorios o la fuerza de su pulsión (mecanismos activadores) es superior, facilitando por tanto el paso al acto.

También juega un papel importante el atractivo de los factores crimino-impelentes para que bajo determinadas condiciones y en función de su capacidad criminal y adaptabilidad social el sujeto valore la elección racional de actuar en sintonía con la denominada *teoría de la elección racional*, según la cual el paso al acto es consciente y reflexivo, previa consideración del coste/beneficio de la acción, la complejidad de esta y las posibilidades de impunidad percibidas.

5.6. FACTORES DE PROTECCIÓN O CONTRA CRIMINÓGENOS

El análisis de los factores que pueden influir en la conducta criminal no quedaría completo sin una mención a aquellos otros factores (los denominados crimino-resistentes, de protección o de resistencia) que pueden ejercer un efecto protector hacia los criminógenos y que explicaría el por qué existen personas que habiendo pasado por claros factores predictores de notable riesgo de delinquir han llegado a la edad adulta sin haber cometido delitos y siguiendo comportándose como ciudadanos suficientemente adaptados a la sociedad en que viven. El hecho de que una persona de el paso al acto antisocial no implica que carezca de estos factores, puede ocurrir que no sean suficientemente intensos o que la situación criminógena haya sido excepcional. Es por ello importante indagar en la cuestión, puesto que tratar de potenciarlos puede influir favorablemente en la probabilidad de reincidencia.

La investigación al respecto apunta a la existencia de factores individuales y ambientales que funcionan como protectores reales ante la presencia de eventos severos y acumulativos y situaciones estresantes de vida. Son tres las constelaciones de factores protectores más comúnmente señalados en la literatura actual (Herrero, 2013):

- *Atributos disposicionales o personales*: actividad, inteligencia, autonomía, temperamento, habilidades sociales y locus de control interno.
- *Núcleo familiar*: lazos afectivos familiares que proporcionan la atención, el afecto y el apoyo emocional necesarios en tiempo de estrés; pautas de crianza y reglas en el hogar claras, sólidas y competentes; comunicación abierta entre los miembros de la familia, y compromiso con valores morales y sociales.
- *Sistema de apoyo externo a la familia* (padres e hijos): profesores, vecinos, amigos, compañeros de trabajo y/o institucio-

nes que proporcionan modelos de referencia y experiencias positivas

Sobre el mecanismo de actuación de los factores protectores cabe reseñar la *teoría del equilibrio de fuerzas* de Reckless (1957). Según este autor el individuo está afectado por dos clases de fuerzas: exógenas y endógenas. Según sea su conformación, estas fuerzas propiciarán el paso al acto delictivo o, por el contrario, servirán de control frente al delito. Resumidamente, los individuos que están afectados por fuerzas externas e internas «positivas» difícilmente podrán pasar al acto antisocial. Mientras que los que están dotados de «controles» externos e internos, de carácter débil, son propensos a delinquir. En medio se encontrarían los que poseen, por su parte, un sistema de equilibrio basado únicamente en «fuerzas» internas positivas o en «fuerzas» externas de la misma naturaleza. Que delincan o no dependerá de factores desequilibrantes sobrevenidos.

5.7. FACTORES CRIMINÓGENOS DE BASE DE LA PERSONALIDAD CRIMINAL

Para su consideración tomaremos como referencia la premisa ya vista en Criminología Clínica que considera a la persona como una entidad bio-psico-social; siendo aquellos influjos o condicionamientos que inclinan la balanza hacia el comportamiento antisocial por encima de la media del comportamiento normativamente considerado normal actuando en constelación, aunque con prevalencia de unos sobre otros. Parece haber acuerdo al respecto en que, sobre la delincuencia normal (no patológica) son los psicomorales y psicosociales los más prevalentes, siendo a su vez los que más contribuyen a conformar la iniciación y el hábito delincuenciales (Herrero, 2007).

Sin embargo, no debemos perder de vista que, con rigor científico, ninguno de estos factores autónomamente considerados, pueden ofrecer una solución generalizadora del hecho criminal.

5.7.1. Factores psicobiológicos

De naturaleza nuclearmente biológica, puede explicar la delincuencia de carácter transitorio propia de la adolescencia y especialmente, por constituir con frecuencia las personalidades psicopatológicas, la criminalidad psiquiátricamente definida originada en psicopatías, trastornos o enfermedades mentales, cuantitativamente poco frecuente pero cualitativamente muy relevante por la gravedad de las conductas provocadas. Dado que este tipo de criminalidad es objeto de estudio en profundidad en otra asignatura, no entraremos en ella.

Existe una amplia variedad de factores de este tipo, entre los que se señalan como más relevantes por su capacidad para inducir violencia anormalmente grave, irreflexión, o desadaptación familiar, escolar y social (Herrero, 2013):

- Alteraciones cromosómicas (síndrome XYY, de Klinefelter...)
- Trastornos bioquímicos (déficit de serotonina ...)
- Trastornos hormonales (niveles anormalmente elevados de testosterona...)
- Condiciones congénitas (Síndrome fetal alcohólico ...)
- Daños cerebrales (sean de origen innato, congénito o sobrevenido)
- Hiperactividad en la adolescencia (especialmente en varones)
- Ingesta de fármacos tóxicos o psicoactivos

5.7.2. Factores psicomorales

Son aquellos adquiridos por socialización, sin relación directa con la vertiente biológica o psicobiológica, por lo que el fundamento inmediato de su comportamiento hay que conectarlo con su carácter y no tanto con el temperamento.

Estos factores pueden contribuir a explicar delitos provocados por crisis o ausencia de valores (como los delitos de corrupción o contra el orden social). Por otra parte, en algunos casos las crisis profundas de identidad del propio yo pueden explicar la conversión, por ejemplo, de persona cívica en delincuente violento (Herrero, 2007).

Como más relevantes pueden destacarse (Herrero, 2013):

- La profesión y práctica de valores contrarios a los encarnados en los derechos humanos fundamentales.
- El elevado egocentrismo, generador de aislamiento y falta de solidaridad con el prójimo.
- La vivencia constante de disfunciones familiares (especialmente en la infancia) que no otorgan la posibilidad de internalizar o asimilar inhibidores frente al delito.
- Déficits profundos en los medios normales de comunicación con los otros (ideación, lenguaje escaso o deficiente...), conformados así por la falta continuada de intercomunicación, potenciándose el ensimismamiento y aislamiento en confrontación con la solidaridad.
- Sentimientos de odio o de revancha frente a determinados grupos sociales o étnicos.
- La automarginación y autoexclusión del compromiso social como estilo de vida elegido.
- La vivencia continuada en contextos de iguales, de bandas claramente antisociales, antijurídicos o inmorales, donde la conducta antisocial se justifica a sí misma.
- La huida de la escolarización, que impide la asunción de valores y habilidades normativos.

De todos ellos cabe resaltar, por su trascendencia, el *proceso de socialización*, en especial durante la infancia y la adolescencia. Una adecuada socialización permite la asimilación de los valores, actitudes y habilidades necesarios para vivir conforme a los valores normativos de la sociedad en la que se desenvuelva el individuo, constituyendo un potente factor de protección contra la desviación, la marginación, la anomia y en definitiva contra la conducta antisocial.

5.7.3. Factores psicosociales

Son aquellos que ejercen su influencia en el contexto medioambiental en el que se desenvuelve el sujeto. Dicho contexto abarca tanto el grupo social como las circunstancias físicas (climáticas, estacionales, regionales, sociales, económicas, culturales, políticas religiosas...) que rodean al ser humano en cada momento de su existencia. Se caracteriza por su amplísima variedad y su dinamismo, pues está en continuo cambio y evolución.

Los factores criminógenos de cada modelo medioambiental no afectan por igual ni a todos los ciudadanos ni a todos los delincuentes. Por eso, el verificar la diferencia entre factores criminógenos, el cómo, el cuánto y la dirección de su influencia en el individuo concreto, es función de los especialistas clínicos y, entre ellos, de manera especial, del criminólogo (Herrero, 2013).

Los factores psicosociales se estudian a dos niveles, micro y macro medioambientales, centrados en la persona y en el contexto respectivamente.

En el *nivel micro medioambiental* se señalan como principales factores las graves disfunciones relacionadas con:

- El *estatus económico*: un bajo estatus puede originar un sentimiento de inferioridad y el deseo de aumentar su nivel económico para liberarse de aquel; lo que puede llevarle a su satisfacción por medios ilícitos.
- La *influencia de la banda o el grupo*: la compartición de una misma visión social guiada por conductas antisociales, el sentimiento de pertenencia grupal y la participación en las actividades criminales sentida como necesaria para la continuidad en el mismo.

- La *pertenencia a una minoría étnica* puede generar disfunciones debida a la presencia de conflictos culturales que en ocasiones desembocan en comportamientos delictivos.
- Las *disfunciones familiares*: con independencia de aquellas relacionadas con la correcta socialización, influyen otras como los patrones de aprendizaje social delictivo en caso de padres delincuentes o violentos, la ausencia de control o vigilancia sobre los hijos, las carencias afectivas y de orientación educativa.
- La *escuela*: la ausencia de escolarización, la interrupción prematura de la escolaridad, el fracaso escolar, el maltrato y humillación escolares, son un hallazgo constante, sobre todo en los menores delincuentes.
- El *vecindario*: ejerce influencia en el individuo a través del control social ejercido en el contexto donde también se encuentran ubicados la familia y la escuela; y los mecanismos activos de prevención del delito (la denominada prevención comunitaria).

En el *nivel macro medioambiental* se hace hincapié en los factores que inciden en la variación, desarrollo o evolución delincuencia, destacando entre ellos:

- *El contexto urbano:* propicia de forma generalizada mayores cotas de delincuencia y victimización que el espacio rural, observándose una clara correlación entre tasa de criminalidad y medio urbano, más elevadas en este.
- Las *consecuencias de los conflictos generalizados* (como el deterioro de las estructuras políticas, las crisis económicas, o los desplazamientos forzados) afectan especialmente las personas más vulnerables, especialmente mujeres y niños.
- La *pobreza generalizada*: entraña inseguridad económica, explotación de trabajadores, ausencia de medios educativos para los niños y jóvenes en edad de formación, abusos sexuales, trata de personas, estigmatización y exclusión social.

Hay que señalar al respecto, por ser una creencia errónea muy extendida, que la pobreza generalizada como factor único no es la causa de grandes niveles de criminalidad. Lo que parece ser decisivo es su combinación con las desigualdades notables (principio de deprivación o de agravio comparativo).

- Las *desigualdades* en distintos ámbitos: las variables demográficas (por la elevada correlación positiva entre altas tasas de criminalidad y población masculina joven), los factores macroeconómicos (por su relación con los delitos patrimoniales), los avances tecnológicos (por su facilitación de las actividades criminales) y la globalización y transnacionalización de la criminalidad (por su relación con la debilitación del riesgo de castigo y el reforzamiento de la impunidad de los delincuentes).

Por último, cabría señalar los que Herrero (2007) denomina *factores negativos de origen público-institucional*, debidos a las disfunciones de aquellas instituciones públicas con responsabilidad directa de hacer frente a la criminalidad y que influyen, sobre todo, en la frecuencia de la delincuencia y en la reincidencia. Señala por tanto los desajustes importantes en las orientaciones legislativas, las decisiones de la justicia (en su doble vertiente de juzgar y ejecutar lo juzgado), las tácticas y estrategias policiales o el planteamiento de la realidad penitenciaria. En definitiva, cuando no se lleva a cabo una adecuada política criminal.

5.8. RELACIÓN ENTRE FACTORES CRIMINÓGENOS, DE PROTECCIÓN Y SEXO

De antiguo son conocidos los aspectos diferenciales entre la delincuencia masculina y la femenina, como el menor porcentaje de esta, la mayor incidencia de la delincuencia femenina en delitos patrimoniales sobre los violentos, o la tendencia de la mujer delincuente a actuar en solitario o como cómplice.

Respecto a estas diferencias es clásica la teoría que relaciona la mayor delincuencia en general y especialmente la violenta entre los hombres debido a factores psicobiológicos (en especial los altos niveles de testosterona, ausentes en la mujer). En distinto sentido, la *"teoría de los roles sociales diferenciales"* apunta a una menor delincuencia de la mujer en virtud de las menos oportunidades tenidas para delinquir, y su orientación hacia de terminados delitos con prevalencia por los contextos restringidos y específicos en que llevarían a cabo su actividad.

Sin embargo, no existe una respuesta clara acerca de la posible relación entre factores criminógenos y de protección con relación al sexo. Herrero (2013) señala como hipótesis que habrá que adverar, la mayor extensión e intensidad de los factores criminógenos sobre los protectores respecto a los varones.

5.9. EL MÉTODO EN CRIMINOLOGÍA CLÍNICA

La Criminología clínica ha de servirse de los mismos instrumentos metodológicos que la criminología general (fundados en la observación, cuantificación y experimentación) adaptándolos al objeto específico a investigar, el estudio del fenómeno criminal tal como se manifiesta en un individuo concreto y conforme a su propia personalidad e interacción entre esta y el medio ambiente.

El método más adecuado para ello es el clínico, por su carácter científico y multidisciplinar; si bien se enfrenta al desafío que supone el trabajo de observación e interpretación fuera de las condiciones controladas de un laboratorio; habiendo de valerse para ello del trabajo empírico en base a técnicas de observación (para el diagnóstico), interpretación (para el pronóstico) y experimentación (para el tratamiento).

Dado que para cumplir sus fines es preciso describir al sujeto de forma tan completa como sea posible en todas sus facetas, el eje vertebrador de la evaluación criminológica aplicada será el estudio y cuantificación de los rasgos mediante métodos de carácter correlacional (Sánchez, 2012).

En este apartado se estudiarán las distintas fases que integra el método clínico para la realización de un perfil de peligrosidad criminal, y los instrumentos a utilizar para cada una de ellas.

5.9.1. Fases del método clínico: Diagnóstico

Constituye la piedra angular del edificio metodológico del método clínico, por cuanto el resto de las fases quedan condicionadas por su calidad (aciertos y errores).

Sus fines son la detección de la presencia y persistencia del estado peligroso criminológico, la delimitación de su grado y de los factores que están en su raíz o base, mediante la recogida y ordenamiento sistemático, de los datos pertinentes, a través de los medios y técnicas de observación-descripción o estudios y exámenes adecuados y especializados.

No debe considerarse como un mero etiquetamiento, debe buscarse la comprensión integral del problema que constituye la causa de la conducta del sujeto estudiado. Para ello han de estudiarse tres variantes: la *fenomenológica* (forma de aparecer y grado del estado peligroso), la *etiológica* (factores conformantes de dicho estado), y la *clínica* (relacionada con los factores inmediatos de provocación al paso al acto). Es decir, la constatación del grado de peligrosidad mediante el análisis conjunto de capacidad criminal y adaptabilidad social. Para ello serán muy relevantes las fuentes de información sobre historia familiar, personal y social.

En primer lugar, han de estudiarse los elementos nuclearmente constitutivos del estado peligroso (capacidad criminal) y de los elementos no nucleares del mismo (adaptabilidad social). Finalmente se establecerá el diagnóstico de peligrosidad a partir de la puesta en relación entre ambos grupos de elementos.

5.9.1.1. Diagnóstico de la capacidad criminal

Para llegar al mismo se hace necesario estudiar aquellos rasgos nucleares de personalidad criminal y de los factores criminógenos de carácter etiológico-disfuncional que puedan estar presentes en el sujeto estudiado, junto con la ponderación de criterios legales (comisión de delitos más o menos graves). Constituiría el *diagnóstico fenomenológico* sobre la capacidad criminal, que habrá de tener en cuenta el mayor o menor grado de persistencia en el tiempo y al grado de influencia de determinados factores en su poseedor. Es lo que podemos denominar *diagnóstico ontológico-etiológico.*

5.9.1.2. Diagnóstico de la adaptabilidad social

Deberán estudiarse los aspectos dinámicos de la persona investigada, su situación, estatus social, aptitudes y actitudes intelectuales, profesionales, sensitivas, emotivas, afectivas, los rasgos o trazos de la persona que se relacionan con la actividad (actividad o pasividad), los trazos dinámicos conectados con las necesidades instintivas, nutritivas, sexuales ...

5.9.1.3. Diagnóstico clínico del estado peligroso

Se llegará al mismo mediante la integración y análisis de los elementos anteriores, dando lugar, dado el producto de su desigual combinación, a una gradación de peligrosidad acorde a los resultados obtenidos, en términos claros y objetivables (baja, media, alta, muy alta...).

Es preciso señalar aquí que, al estado actual de la investigación, este diagnóstico nunca podrá ser absoluto ni preciso al 100%; y ello a pesar de los esfuerzos realizados buscando metodologías con el mayor grado de objetividad para su medición y evaluación, como el índice de personalidad criminal de Heilbrun (1979), la escala de respuesta individual criminológica de Chargoy (1999), la valoración jurídica de Esbec y Delgado (1994) o la valoración de la peligrosidad criminal con base en el denominado "factor de frecuencia de violencia" de Mossman (2000).

5.9.2. Fases del método clínico: Pronóstico

Goppinger (1975) ofrece un sencillo concepto del pronóstico como "*afirmación sobre la futura conducta de un individuo o un grupo referida a la observancia de la ley*" (p. 284). Herrero (2013) lo define como la proyección predictiva fundada sobre series de datos previamente obtenidos mediante reglas metodológico-científicas y con suficiente capacidad evaluativa, sobre la probabilidad de reincidencia de un comportamiento gravemente antisocial o delictivo, llevado a cabo con anterioridad por el ya diagnosticado.

Su utilidad se centra, además de en la probabilidad de reincidencia, en las decisiones judiciales orientadas a la imposición de sentencias o a las medidas restrictivas de libertad; y con mayor ambición en lograr una efectiva reinserción social.

5.9.2.1. Métodos

Tanto Goppinger (1975) como Kaiser (1988) clásicamente establecieron tres métodos de pronóstico (intuitivo, clínico y estadístico) señalando las principales críticas a todos ellos:

Intuitivo en sentido estricto, caracterizado por el intento de formar un juicio sobre el evaluado basado en la experiencia con el trato con delincuentes, sin que el evaluador posea los suficientes conocimientos psiquiátricos o psicológicos, y utilizando en muchas ocasiones sus propias jerarquías de valores. En un sentido más amplio incluye los métodos de cuestionario, por la también intuitiva valoración de sus resultados.

Clínico, basado en la exploración de la personalidad individual del delincuente realizada por un psiquiatra o psicólogo con formación criminológica; generalmente a través de métodos tales como la exploración, la observación, y eventualmente experimentos o procedimientos psicodiagnósticos. Los resultados obtenidos son puestos en relación con los conocimientos criminológicos relevantes para el planteamiento, por lo que se precisa de amplia experiencia y conocimientos sobre personas delincuentes y no delincuentes, así como psíquicamente sanos o enfermos. La crítica a este método parte de la elevada flexibilidad e incontrolabilidad en el proceso de elaboración del pronóstico y en la variedad de procedimientos. Kaiser (1988) la denomina prognosis empírica individual, y añade a las críticas de Goppinger el uso de muestras extremas y sesgadas, lo que disminuye su fiabilidad en la zona media de las personas investigadas, que a la sazón son la mayoría.

Estadístico, mediante la averiguación de probabilidad especialmente de reincidencia a través de tablas de pronóstico elaboradas con amplias muestras de delincuentes computando características personales y sociales. Son varias las críticas que realizaron a esta metodología: la importancia de determinados factores en el caso individual que resultan irrelevantes a nivel estadístico y por tanto no son tenidos en consideración; la escasa calidad de los datos obtenidos para elaborar las tablas; el sesgo de las muestras utilizadas, que hace que únicamente sean aplicables a personas del mismo grupo poblacional; y los continuos cambios sociales, económicos e incluso generacionales que influyen en la consideración de los factores a considerar, que deberían ser reevaluados a la luz de tales cambios con frecuencia. Kaiser (1988) añade la adopción de los factores de pronóstico por vía de generalización empírica del análisis de las vidas de cada grupo de delincuentes; la tendencia observada a pronósticos más desfavorables que lo que posteriormente indica la realidad; el hecho de que las tablas de pronóstico no atienden suficientemente ni a la variada complejidad y dinámica del delito ni de su mundo circundante; y al igual que en el método clínico, la escasa fiabilidad en la zona media. Un ejemplo clásico en Criminología son los estudios de los Glueck (1972) para la predicción de la delincuencia en niños de 2 a 3 años en función de cinco factores (patologías psiquiátricas o psicológicas de los padres; afecto de los padres hacia sus hijos; inquietud llamativa desde la temprana infancia; clara subordinación del hijo a la autoridad de los padres; y afán de destruir del niño).

Goppinger alertaba por considerarlo especialmente problemático respecto al pronóstico relativo a la puesta en libertad cuando hay un internamiento prolongado; pues requerirá de un profundo examen de la personalidad unido a un análisis diferenciado del curso vital que incluya también las esferas sociales anteriores y su conducta durante el período de internamiento (adaptación a las reglas, uso del tiempo libre, contactos establecidos dentro y fuera; y la preparación de la puesta en libertad y planificación del futuro.

Más modernamente, superado el método puramente intuitivo, se ha evolucionado hacia el empleo de métodos actuariales y basados en el análisis del riesgo, también con sus carencias metodológicas que básicamente siguen siendo objeto de las mismas críticas: el excesivo subjetivismo y la poca eficacia predictiva del método clínico; o el hecho de ignorar los cambios comportamentales y la predicción de conducta de un sujeto valorando como han actuado otros en circunstancias similares respecto a los estadísticos o actuariales, que los hace poco individualizados.

En la actualidad se tiende a métodos de análisis de riesgo basados en el juicio clínico estructurado, específicos para determinados ámbitos, como la violencia de género, la reincidencia juvenil, o en diferentes contextos (Otín, 2022).

5.9.2.2. Limitaciones

Dado que para su formulación se ha de contar con condiciones futuribles y por tanto desconocidas, está muy lejos de ser infalible y por lo mismo habrá de ir siendo mantenido, matizado, modificado o cambiado en su caso al compás de la eficacia o ineficacia del tratamiento aplicado.

Si bien alcanza unos niveles de precisión probablemente satisfactorios en la estimación del riesgo relativo de reincidencia, no hay que olvidar que la evidencia empírica sigue demostrando que es mucho más impreciso en la estimación del riesgo absoluto de reincidencia. Esta limitada capacidad predictiva, por sus consecuencias sobre la aplicación de penas o medidas desfavorables sobre el sujeto objeto de pronóstico, hace que haya resultado muy cuestionable. En especial, se ha señalado la tendencia a sobrevalorar la peligrosidad (es decir, a clasificar como peligrosos a sujetos que no lo son, "falsos positivos") evidenciada por estudios empíricos, sobreestimación del peligro que vendría además alentada por la presión que ejercen los medios de comunicación sobre los operadores jurídicos en aquellos casos conocidos en que ha fallado el pronóstico con graves consecuencias, y que puede acentuar la tendencia del evaluador a una excesiva cautela inclinándose por apreciar la existencia de peligrosidad.

El juicio final de pronóstico, de acuerdo con la actividad indagatoria llevada a cabo, habrá de concretarse de forma argumentada y con la terminología previamente establecida o convenida (favorable, desfavorable, dudoso, etc.), evitando, por su imprecisión, términos absolutos.

5.9.3. Fases del método clínico: Tratamiento

La utilización del término ha sido discutida por diversos autores al evocar su relación con la enfermedad y el carácter pasivo propio del modelo médico, sugiriendo utilizar el término intervención, que elude dichas connotaciones (Rodríguez Manzanera, 2021).

Para Herrero (2013), puede hablarse de *tratamiento en sentido amplio* (entendido como el conjunto de medidas tomadas con respecto al delincuente en virtud de su acción antisocial o delincuencial, sea por razones de prevención general o especial, y *en sentido estricto* como la actividad que se dirige de forma coordinada y sistematizada, a neutralizar los factores constitutivos de la personalidad criminal o del estado peligroso del sujeto, con absoluto respeto a sus derechos fundamentales. Así, el concepto científico de tratamiento puede verse desde dos vertientes:

- *Vertiente objetiva,* como el conjunto coordinado de acciones (basadas fundamentalmente en conclusiones de las ciencias de la conducta), encaminadas a reparar las fallas de personalidad del delincuente y a potenciar los aspectos positivos de la misma, con el fin de recuperarle para una pacífica convivencia con sus semejantes.
- *Vertiente subjetiva,* como el derecho del delincuente a recibir de la sociedad a que pertenece, los medios idóneos para adaptar su personalidad a las reglas de convivencia de esa misma sociedad, con la que tiene, de alguna manera, en" compensación", un deber, similarmente al moral, de colaborar en dicha readaptación.

En cualquier caso, el contenido del tratamiento debe partir exclusivamente de valores dimanantes de los derechos constitucionalmente establecidos.

En los últimos años se ha tendido a un modelo de tratamiento de "asistencia continua" orientado a la preparación durante el período de internamiento, del retorno con éxito del recluso a la vida en sociedad; con independencia de aquellas medidas individualizadoras que demande.

Rodríguez Manzanera (1993) señala que para el tratamiento es importante el estudio de los factores exógenos y endógenos, pues si la mayor parte de los factores criminógenos observados son de carácter exógeno, el tratamiento debería orientarse hacia factores sociales, en tanto que si son endógenos lo indicado será un tratamiento de tipo terapéutico (psicológico, médico o psiquiátrico).

Es obvio que el ámbito donde la actividad del tratamiento resulta más aplicable es el penitenciario. Esto queda reflejado, en el caso de España, en la principal norma reguladora, la Ley Orgánica 1/1979, de 26 de septiembre, General Penitenciaria, que dedica su título III al tratamiento, al que define en su Art. 59 como el conjunto de actividades directamente dirigidas a la consecución de la reeducación y reinserción social de los penados, con la pretensión de hacer del interno una persona con la intención y la capacidad de vivir respetando la Ley penal, así como de subvenir a sus necesidades procurando en lo posible, desarrollar en ellos una actitud de respeto a sí mismos y de responsabilidad individual y social con respecto a su familia, al prójimo y a la sociedad en general. Regula también los principios inspiradores del mismo (Art. 62):

- Estará *basado en el estudio científico* de la constitución, el temperamento, el carácter, las aptitudes y las actitudes del sujeto a tratar, así como de su sistema dinámico-motivacional y del aspecto evolutivo de su personalidad, conducente a un enjuiciamiento global de la misma.
- Guardará *relación directa con un diagnóstico de personalidad criminal y con un juicio pronostico inicial*, que serán emitidos tomando como base una consideración ponderada del enjuiciamiento global a que se refiere el apartado anterior, así como el resumen de su actividad delictiva y de todos los datos ambientales, ya sean individuales, familiares o sociales, del sujeto.
- Será *individualizado*, consistiendo en la variable utilización de métodos médico-biológicos, psiquiátricos, psicológicos, pedagógicos y sociales, en relación con la personalidad del interno.
- En general será *complejo*, exigiendo la integración de varios de los métodos citados en una dirección de conjunto y en el marco del régimen adecuado.
- Será *programado*, fijándose el plan general que deberá seguirse en su ejecución, la intensidad mayor o menor en la aplicación de cada método de tratamiento y la distribución de los quehaceres concretos integrantes del mismo entre los diversos especialistas y educadores.

- Será *de carácter continuo y dinámico,* dependiente de las incidencias en la evolución de la personalidad del interno durante el cumplimiento de la condena.

Los programas de tratamiento institucionales se regulan en el capítulo II del Real Decreto 190/1996, de 9 de febrero, por el que se aprueba el Reglamento Penitenciario, encargando el diseño y ejecución de aquel a los Equipos Técnicos, integrados entre otros por un jurista, un psicólogo, un pedagogo, un sociólogo y un médico; sin que se mencione la figura del criminólogo. La supervisión del tratamiento es responsabilidad de las denominadas "Juntas de Tratamiento".

Cap. 6

Medios y técnicas para la elaboración del perfil de peligrosidad criminal

Veremos a continuación, siquiera someramente por exceder el alcance de la asignatura, aquellos medios, técnicas e instrumentos de uso generalizado para la elaboración del perfil de peligrosidad criminal, atendiendo a cada una de sus fases.

6.1. MEDIOS Y TÉCNICAS PARA EL DIAGNÓSTICO

Con ellos se pretende la recogida de los datos correspondientes a los rasgos de la personalidad criminal del examinado y de los factores (individuales y sociales) que los han venido conformando, incluyendo si fuera oportuno, los factores situacionales o de oportunidad. Ha de irse por tanto al examen científico de la constitución, temperamento, carácter, aptitudes y actitudes del sujeto, de su sistema dinámico motivacional, del aspecto evolutivo de su personalidad, así como del contexto interaccional o psicosocial, en el que el sujeto ha vivido; para poder obtener una estimación globalmente adecuada de la personalidad y del comportamiento desviado (antisocial y antijurídico) del mismo.

Estas indagaciones han de ser realizadas por especialistas con suficiente preparación criminológica en cada una de esas áreas de conocimiento; siendo muy deseable la intervención del criminólogo para coordinar y evitar contradicciones y posibles desviaciones involuntarias en las investigaciones precedentes.

6.1.1. El examen médico-biológico criminológico

Está orientado a estudiar el desarrollo físico del individuo, los antecedentes familiares y personales (herencia y aportación propia) con respecto a su estado de salud (el inmediato y el actual), de modo completo, incluyendo la detección de retardos en la evolución y maduración física e intelectual, trastornos hormonales y neurológicos, enfermedades o anomalías que pudieran contribuir a esclarecer su posible papel, en todo o en parte, sobre la etiología de la criminalidad o su influencia en el paso al acto antisocial.

6.1.2. El examen psicológico criminológico

Busca el hallazgo de los rasgos diferenciadores de la personalidad, los factores endógenos de *carácter psíquico* que estuvieren influyendo en su conducta, los mecanismos psicológicos que estuviesen actuando en sus formas de proceder y reaccionar, sus carencias afectivas y emotividad, sus actitudes y aptitudes, los rasgos de temperamento y carácter; así como el estado de las funciones psíquicas cuyos déficits o anomalías pudieran haber influido y estar teniendo repercusión apreciable en la conducta delictiva (Herrero, 2013).

Para todo ello y con la finalidad añadida de evitar sugestiones y transferencias mutuas entre examinador y examinado, se sirve actualmente de test adecuados para el análisis de las áreas de inteligencia, personalidad, y aptitudes (orientación profesional); sin olvidar el papel protagonista de la entrevista como medio por excelencia para complementar el conocimiento buscado.

Entre las *pruebas de inteligencia* más utilizadas están:

- Test WAIS-III (Escala de inteligencia para adultos de Weschler), que facilita CI a tres niveles (verbal, manipulativo y total).
- Matrices progresivas de Raven, cuya ventaja es que está exenta de patrones educativos y culturales.

Para las *pruebas de personalidad o carácter* se utilizan:

- Cuestionario de Personalidad de Eysenck Revisado (EPQ-R), que evalúa tres dimensiones básicas de personalidad (psicoticismo-dureza; neuroticismo-emotividad; y extraversión).

- Cuestionario Factorial de Personalidad (16 PF-5), que evalúa cinco dimensiones globales de personalidad (extraversión, ansiedad, psicoticismo, independencia y autocontrol).
- Inventario Clínico Multiaxial de Millón (MCMI-IV), permite una evaluación completa de personalidad y psicopatología de adultos.
- Inventario Multifásico de Personalidad de Minessota 2 Reestructurado (MMPI-2-RF), que permite también una evaluación completa de personalidad y psicopatología.
- Inventario de Evaluación de la Personalidad (PAI), para evaluación psicopatológica.
- Escala de Hare de Psicopatía (PCL y PCL-SV): Evalúa síntomas que definen la psicopatía, incluyendo además de los comportamientos antisociales, las características interpersonales y afectivas.

Para la *evaluación de las aptitudes y orientación profesional*, se utilizan diversos instrumentos, principalmente entrevistas. En España, están incluidos en el Proyecto Personal de Inserción (P.P.I.) gestionado por Instituciones Penitenciarias.

Finalmente, no debe olvidarse que de ser factible y estimarse conveniente, habría de indagarse en las actitudes y sentimientos morales (ausencia de conciencia moral), especialmente en casos de posibles personalidades de tipo psicopático o con trastorno antisocial de personalidad.

6.1.3. El examen psiquiátrico criminológico

Aunque conveniente, no siempre es necesario, salvo cuando de los exámenes previos (médicos o psicológicos) surjan indicios sólidos de psicopatología relevante que pudiera haber influido en el comportamiento antisocial del evaluado. Su herramienta principal es la *entrevista clínica*, que comprende tres partes: la *anamnesis* (historia biográfica que recoge datos familiares, personales y sociales, así como de enfermedades padecidas), la *exploración* (para conocer a través de entrevista generalmente semiestructurada los signos y síntomas de interés) y la *catamnesis* (evolución clínica si procede); siendo conveniente la realización de un estudio de carácter neurológico.

6.1.4. El examen social criminológico

También llamado encuesta social, es llevado a cabo fundamentalmente por trabajadores sociales mediante entrevistas exhaustivas con el sujeto y el estudio de la documentación disponible (generalmente, el expediente penal y penitenciario). Aunque sería lo idóneo entrevistar también a todo su entorno social y familiar, la realidad se impone y lo hace imposible por falta de tiempo y medios.

6.1.5. Métodos complementarios: la observación

Es de gran interés criminológico clínico la conducta del sujeto estudiado tanto en circunstancias naturales como artificiales; para lo que resulta idónea la observación como método para obtener datos sin intervenir en el entorno. Puede ser *directa* (por proximidad física o medios técnicos en tiempo real) o *indirecta* (generalmente fuera del medio institucional a través de fuentes externas). Puede utilizarse para determinar la actitud íntima del sujeto con respecto a sí mismo que se manifestará en su grado de adhesión al tratamiento propuesto, o para evidenciar su comportamiento.

Sin embargo, los condicionantes legales y de aplicación hacen muy complicada la aplicación de esta técnica.

6.1.6. Métodos complementarios: la entrevista criminológica

Siempre que fuera posible sería muy deseable que el criminólogo clínico pudiera realizar al sujeto una entrevista criminológica que, sin tener un formato ni técnica determinados (puede utilizarse cualquiera de las modalidades de entrevista: estructurada, semiestructurada o libre) le permita indagar en los objetivos propios del perfil de peligrosidad criminal; guiándose siempre por los principios de objetividad (evitando cualquier tipo de sesgo) y neutralidad ética (sin entrar en consideraciones morales, éticas o religiosas). Es importante considerar, en su caso, los efectos de la prisionización, que pueden producir un aumento de la dependencia (pérdida de control de la propia vida), deterioro de la autoestima, alteraciones afectivas y comportamentales que pueden afectar directamente el desarrollo de la entrevista.

6.1.7. Métodos complementarios: la historia clínica criminológica

Se trata de una investigación en sucesión cronológica para recoger e integrar tanto los datos obtenidos por los distintos especialistas durante el proceso de diagnóstico, como de la criminogénesis y la criminodinamia, y que se plasma en un documento estructurado. Puede incluir también la expresión del juicio de pronóstico y tratamiento.

Debe por tanto abarcar todo el arco temporal de la vida del sujeto en sus diferentes contextos, para observar cómo la vida precedente ha condicionado la consecuente: elementos o factores históricos o familiares y factores criminógenos (Herrero, 2013).

Trujillo (2005) elaboró una metodología y propuso un modelo de historia clínica criminal que puede servir de punto de partida para su elaboración. Herrero (2013), propone como esquema básico actual el siguiente:

I. Datos de identificación del delincuente bajo investigación clínica (nombre, apellidos, fecha y lugar de nacimiento, edad, nacionalidad, lugar de residencia, lugar de detención, etc.)

II. Indagación sobre algunos aspectos de la familia próxima (salud, algunas enfermedades, modelo familiar (completa, incompleta, integrada, desintegrada, ambiente intrafamiliar, los distintos roles entre los diferentes integrantes de esta).

III. Estudio panorámico del individuo desde la triple dimensión bio-psico-sociológica, a través de la infancia, la adolescencia, la primera juventud, la etapa adulta, en su caso.

IV. Estudio detenido del temperamento.

V. Estudio detenido del carácter.

VI. Estudio específico de la personalidad siguiendo y profundizando sus dos precedentes en su interacción dinámica. Subrayando sus características disfuncionales y posibles factores protectores, haciendo hincapié en su dimensión psicosocial o interaccionista.

VII. Estudio de su perfil escolar o académico.

VIII. Dimensión laboral del examinado.

IX. Actitud sexual del mismo.

X. Diagnóstico, pronóstico y tratamiento.

Esta historia clínica criminológica podría completarse con alguno de los criterios propuestos por Cervelló (2014) para valorar la peligrosidad criminal, como el comportamiento postdelictivo (desde el momento de los hechos al momento de estudio, incluyendo el comportamiento con la víctima en su caso, reacción tras el delito, reparación de daños causados, participación en programas de mediación o tratamiento) y la ponderación de la necesidad de intimidación penal, teniendo en cuenta el cumplimiento de la pena, el desistimiento delictivo o la reinserción del penado.

6.2. MEDIOS Y TÉCNICAS PARA EL PRONÓSTICO

Las técnicas basadas en las tablas de pronóstico de la criminología alemana y de predicción de la norteamericana ya mencionadas, han quedado definitivamente superadas. Ya se ha visto la evolución en este ámbito desde el concepto más amplio de peligrosidad criminal al más específico de valoración de riesgo de violencia, inclinándose la investigación al respecto por los instrumentos actuariales y los de juicio clínico estructurado; pero sin perder nunca de vista su limitada precisión y eficacia ya referida.

Antes de reseñar los principales medios y técnicas para el pronóstico más utilizados en la actualidad, conviene hacer referencia a los factores predictores más relevantes del comportamiento criminal futuro estudiados por Berducido (en Herrero, 2013), quien basándose en una revisión de estudios longitudinales que evaluaban la conducta antisocial y delictiva, apuntó las hipótesis más relevantes relacionadas con la delincuente persistente (entendiendo como tal cuatro o más delitos registrados oficialmente):

- Hipótesis de la *densidad o frecuencia de conducta antisocial*: cuanto más frecuente sea ésta, más estable tiende a permanecer.
- Hipótesis de los *escenarios múltiples*: es más estable cuanto tienda a observarse en una mayor diversidad de situaciones.
- Hipótesis de la *variedad*: a mayor variedad de problemas de conducta, mayor persistencia.
- Hipótesis del *comienzo temprano*: cuanto antes aparezca, más tendrá a mantenerse a lo largo del tiempo.

Señala este autor como predictor más eficaz, independientemente de la edad del sujeto, la medida de delitos en el año inmediatamente anterior; teniendo en cuenta que otros predictores como una pobre supervisión paterna, disciplina errática o rígida y conflictos paternos son excelentes predictores de la delincuencia en general pero no tanto de la delincuencia persistente (seis delitos o más a los 25 años).

6.2.1. Instrumentos actuariales

Aplican modelos estadísticos para adoptar decisiones basadas en algoritmos matemáticos sobre variables (factores de riesgo) consideradas en el modelo por su robusta correlación estadística con el riesgo de reincidencia, y extraídas de muestras con un tamaño teóricamente suficiente para lograr capacidad predictiva y eliminar sesgos subjetivos. Su uso cobró fuerza a partir de los estudios de Meehl (1954), que les otorgaba una clara ventaja sobre los métodos intuitivos y el juicio clínico, y desde entonces el debate sobre la superioridad de estos instrumentos sobre otros es constante y todavía no existe consenso científico al respecto.

Sus principales debilidades radican en su carácter nomotético (en ocasiones no permiten la generalización al caso evaluado), su excesiva confianza en factores estáticos y la no consideración de factores de riesgo poco frecuentes (Loinaz, 2017).

Herrero (2013) critica el carácter determinista de esta metodología por su aplicación generalizada a la predicción, aplicando criterios evaluativos a sujetos concretos, de modo que "*todos los individuos con la misma historia factual fabricarían, comportamentalmente, según los precitados métodos y técnicas, un futuro muy semejante*". También hace mención del efecto trinquete aplicado a esta cuestión: al definir mediante los métodos estadísticos a un determinado perfil de personas como peligrosos, como resultado indirecto, la vigilancia sobre ellas aumentará y, por tanto, se detectarán más casos, por lo que estaremos ante una profecía autocumplida en sus propios términos.

A pesar de todo lo anterior, su uso se ha generalizado, existiendo una inmensa variedad de instrumentos, muchos de ellos diseñados para evaluaciones específicas de violencia (de pareja, sexual, juvenil, terrorista...).

El instrumento más utilizado para la evaluación de violencia inespecífica (cuando la conducta violenta no está dirigida a objetivos específicos, incluyéndose a sujetos con trastornos mentales en los que se sospecha que exista riesgo de conducta violenta), es el *HCR-20 (Historical Clinical Risk Management-20)*, ya en su tercera versión, con una buena capacidad predictiva en distintas muestras exceptuando en su uso en mujeres, con resultados inconsistentes. Estructura el proceso de aplicación del juicio profesional estructurado en siete pasos: obtención de información, presencia de factores, relevancia de los factores, formulación del caso, desarrollo de escenarios, gestión del riesgo y opinión final, a través de 20 ítems referidos a tres áreas de evaluación: históricos (pasados), clínicos (recientes) y de gestión (futuro):

Fase del proceso	Descripción	Componentes o tareas principales	Dimensión temporal
1. Obtención de información	Recogida sistemática de datos provenientes de fuentes múltiples (historial clínico, judicial, entrevistas, observación, informes periciales).	Fuentes documentales y testimoniales Entrevistas clínicas y forenses Triangulación de información	Transversal
2. Identificación de factores (presencia de ítems)	Evaluación de la presencia o ausencia de los 20 ítems del instrumento.	10 ítems históricos (factores pasados y estables) 5 ítems clínicos (factores actuales o dinámicos) 5 ítems de gestión (factores futuros o pronósticos)	Pasado / Presente / Futuro
3. Valoración de relevancia	Análisis del peso o significación de cada ítem en el caso concreto. Se determina su contribución al riesgo de violencia.	Determinar qué factores son relevantes y en qué grado influyen Identificar posibles interacciones entre factores	Analítica

4. Formulación del caso	Integración de la información obtenida en una hipótesis comprensiva del riesgo y de sus causas.	Descripción del perfil criminológico-clínico Determinación de mecanismos de riesgo y de protección Hipótesis explicativa del comportamiento violento	Integrativa
5. Desarrollo de escenarios	Elaboración de posibles escenarios futuros de riesgo, considerando desencadenantes, contexto y probabilidad.	Escenario más probable Escenario de alto riesgo Escenario de bajo riesgo / estabilidad	Prospectiva
6. Gestión del riesgo	Planificación de estrategias para prevenir o reducir la probabilidad de violencia.	Intervenciones clínicas, supervisión, tratamiento Medidas de control, vigilancia o apoyo social Revisión periódica de los factores dinámicos	Prospectiva / Intervención
7. Opinión final (juicio profesional estructurado)	Formulación del juicio clínico forense final sobre el nivel de riesgo (bajo, moderado o alto).	Basado en la integración razonada de todos los pasos previos Debe ser justificable, transparente y revisable	Conclusiva

Área de evaluación	Número de ítems	Tipo de factores	Ejemplos
Históricos (H)	10	Factores pasados y relativamente estables	Historia de violencia, relaciones inestables, problemas laborales, psicopatía, dificultades en la infancia

Clínicos (C)	5	Factores dinámicos y modificables en el presente	Falta de introspección, síntomas activos, impulsividad, actitudes negativas, ausencia de respuesta al tratamiento
De gestión (R)	5	Factores orientados al futuro, control y planificación	Acceso a víctimas, cumplimiento de medidas, apoyo social, planes realistas de reinserción, supervisión comunitaria

En una reciente revisión sistemática sobre los instrumentos de valoración de riesgo de violencia de uso forense en España (Otín, 2022) se señalan como los más utilizados el SAVRY (*Structured Assessment of Violence Risk in Youth)* en su adaptación española de Hilterman y Andrés-Pueyo (2008) en el contexto de la evaluación e intervención con menores infractores; y el sistema VioGén para la violencia de pareja, estandarizado para su uso por las Fuerzas y Cuerpos de Seguridad por el Ministerio del Interior. Ambos cuentan con propiedades psicométricas aceptables.

El SAVRY se compone de 24 factores de riesgo (diez históricos, seis sociales/contextuales y ocho individuales/clínicos) y seis de protección.

El sistema *VioGén* utiliza protocolos de evaluación policial del riesgo *Evaluación Policial del Riesgo/Valoración Policial del Riesgo* (VPR5.0) y *Evaluación Policial de la Evolución del Riesgo/Valoración Policial del Riesgo* (VPER5.0) construidos tras revisión bibliográfica de indicadores de riesgo de violencia de pareja en bases de datos y fuentes documentales por expertos universitarios y profesionales de la policía; abarcando exhaustiva revisión de estudios (validez racional), consultas a usuarios profesionales (validez de la respuesta) y opinión de expertos (validación por parte de los jueces) para una adecuada validez de contenido. Estos indicadores recopilados se filtraron para cada uno de los formularios, con el fin de generar cinco niveles de riesgo (no apreciado, bajo, medio, alto y extremo) y cinco dimensiones temáticas (gravedad del episodio reportado, factores relacionados con el agresor, indicadores de vulnerabilidad de la víctima, circunstancias agravantes e indicadores para seguimiento de riesgo y actualización de medidas de protección aplicadas). Es de aplicación exclusiva por las Fuerzas y Cuerpos de Seguridad del Estado y de aquellos otros cuerpos policiales adscritos por convenio, mediante un portal de acceso restringido.

6.2.2. Instrumentos basados en juicio profesional estructurado

Utilizan instrumentos semiestructurados o criterios formalizados como directrices para guiar la evaluación del profesional, asociando conocimientos empíricos relativos a la violencia y evaluación clínica para establecer una estimación cualitativa. Se apoyan sobre variables estáticas y dinámicas con incidencia demostrable sobre el riesgo de comportamiento violento; es decir, combinando variables psicológicas y comportamentales, o también de variables actuariales y no solo con el juicio clínico de manera única. Como ventaja presentan la posibilidad de tener en consideración factores de riesgo poco frecuente pero significativamente ligados a las tasas de reincidencia en el caso de la persona evaluada; pudiendo resultar eficaces para la apreciación de la evolución del riesgo de reincidencia.

La principal debilidad de este método es el riesgo de subjetividad, al permitir incorporar el juicio personal del evaluador; siendo su eficacia predictiva menor que la de los instrumentos actuariales.

6.2.3. Conclusiones

Parece sensato concluir que los métodos actuariales ganarían en potencia si estuvieran completados por evaluaciones clínicas estructuradas, al objeto de aprovechar las ventajas de ambos. Para superar la controversia, Loinaz (2017) propone una fusión de los dos mediante un ajuste de los métodos actuariales a las muestras de interés, la vinculación de los niveles de riesgo a medidas de gestión y el análisis de la eficacia de las valoraciones para reducir la reincidencia.

6.3. MEDIOS Y TÉCNICAS PARA EL TRATAMIENTO

6.3.1. Objetivos, principios y contenido del tratamiento

Aunque sería deseable que el criminólogo clínico tuviera una participación en el tratamiento individualizado del sujeto, la realidad es que descansa casi totalmente (salvo excepciones en programas para menores infractores, delincuencia vial, etc.) en las instituciones de ámbito penitenciario, donde se llevan a cabo todos los programas que reglamentariamente se establecen. El objetivo del tratamiento penitenciario es conseguir la reeducación y reinserción social de los penados, a través de actividades dirigidas específicamente a ello.

En España, la Ley Orgánica General Penitenciaria establece los principios en que debe inspirarse el tratamiento (Art. 62):

a) Estará *basado en el estudio científico de la constitución, el temperamento, el carácter, aptitudes y las actitudes del sujeto* a tratar, así como de su sistema dinámico-motivacional y del aspecto evolutivo de su personalidad, conducente a un enjuiciamiento global de la misma, que se recogerá en el protocolo del interno.

b) Guardará *relación directa con un diagnóstico de personalidad criminal y con un juicio pronostico inicial*, que serán emitidos tomando como base una consideración ponderada del enjuiciamiento global a que se refiere el apartado anterior, así como el resumen de su actividad delictiva y de todos los datos ambientales, ya sean individuales, familiares o sociales, del sujeto.

c) Será *individualizado*, consistiendo en la variable utilización de métodos médico-biológicos, psiquiátricos, psicológicos, pedagógicos y sociales, en relación con la personalidad del interno.

d) En general será *complejo*, exigiendo la integración de varios de los métodos citados en una dirección de conjunto y en el marco del régimen adecuado.

e) Será *programado*, fijándose el plan general que deberá seguirse en su ejecución, la intensidad mayor o menor en la aplicación de cada método de tratamiento y la distribución de los quehaceres concretos integrantes del mismo entre los diversos especialistas y educadores.

f) Será de *carácter continuo y dinámico*, dependiente de las incidencias en la evolución de la personalidad del interno durante el cumplimiento de la condena.

Respecto al contenido del tratamiento, en su Art. 59.2 indica que "el tratamiento pretende hacer del interno una persona con la intención y la capacidad de vivir respetando la Ley penal, así como de subvenir a sus necesidades. A tal fin, se procurará, en la medida de lo posible, desarrollar en ellos una actitud de respeto a sí mismos y de responsabilidad individual y social con respecto a su familia, al prójimo y a la sociedad en general". Apunta Herrero (2013) en este sentido que se trata proponer e inculcar valores de convivencia huyendo de adoctrinamientos partidistas.

El mismo autor enumera tres tipos de programas: los ofrecidos en medio institucional, los programas de transición basados en la sobrevigilancia y los programas de transición basados sobre la asistencia.

6.3.2. Técnicas y programas de tratamiento

Las *técnicas de tratamiento* son unidades de intervención psicológica dirigidas a incidir en una faceta específica del comportamiento para producir cambios positivos en los sujetos tratados, que resuelvan o reduzcan sus dificultades y problemas de conducta, y que se enmarcan en los denominados programas de tratamiento (Redondo, 2017).

Así, el *programa de tratamiento* constituye el conjunto de intervenciones integradas por distintas técnicas y generalmente orientado a fines específicos con varios objetivos de cambio (facetas del comportamiento). Los distintos programas difieren en sus elementos terapéuticos (técnicas), duración (tiempo entre inicio y finalización), intensidad (número de sesiones y horas de aplicación por unidad de tiempo) y estructura (secuencia definida de acciones).

En los centros penitenciarios españoles se llevan a cabo gran variedad de programas de tratamiento, entre los cuales destacan:

- Programa para el control de la agresión sexual (PCAS)
- Programa de intervención con agresores (PRIA)
- Programa de intervención en conductas violentas (PICOVI)
- Otros programas de intervención específica (violencia de género, pedofilia, alcoholismo, juego patológico, drogodependencia...).

6.4. SEGUIMIENTO Y EVALUACIÓN

Si bien no forma parte del área específica de la elaboración de perfiles de peligrosidad criminal, conviene hacer una breve referencia a la necesidad del seguimiento y evaluación de las intervenciones realizadas tras la aplicación del tratamiento.

Herrero (2013) define la evaluación en este campo como la ponderación mediante metodología adecuada, de los resultados de la actividad desplegada, con fines de su corrección o perfeccionamiento. En definitiva, la comprobación de si un tratamiento ha resultado o no efectivo.

Puede hacerse en tres momentos relevantes (Redondo, 2017): *durante* el tratamiento (para conocer si está funcionando), evaluación *final* (para saber si los objetivos se han conseguido) y en el período de *seguimiento* (para averiguar si los logros se han generalizado y se mantienen).

Por su propia naturaleza, la actividad evaluadora en el período de seguimiento ha de ser retroactiva, pues requiere contrastar los resultados en relación con los objetivos. Puede recaer sobre el propio propósito del programa, su puesta en práctica, sus procedimientos, su efectividad (eficacia y eficiencia), los resultados o el impacto; y ha de llevarse a cabo por especialistas debidamente formados en la materia, y presentarse en formato de informe con una articulación lógica que exponga sobre la base de los hechos, las constataciones, las conclusiones, las enseñanzas y las recomendaciones (Herrero, 2013).

Los métodos de evaluación son muy variados en función de la medida. Por ello se ha propuesto el denominado *evaluación 3 × 3*, que sugiere el uso de un mínimo de *tres medidas* de eficacia, una de las cuales debería ser la reincidencia; la utilización de *tres fuentes* de información distintas para obtener dichas medidas, y la medición de la reincidencia durante un seguimiento mínimo de tres años (Redondo, 2017).

Para concluir cabe señalar que los estudios sobre efectividad indican que los tratamientos con delincuentes pueden tener un efecto parcial pero significativo en la reducción de tasas de reincidencia, lo que, si bien no cumple los objetivos propuestos en su totalidad, supone un esperanzador avance en ese camino.

Cap. 7

El informe clínico-criminológico

El informe clínico-criminológico constituye sin duda un documento de gran importancia, por cuanto plasma toda la labor efectuada. Debe hacerse de forma sistemática y sintética por todos los intervinientes, dejando constancia del método seguido, las técnicas aplicadas, su interpretación y los resultados obtenidos; de los que se derivarán las oportunas conclusiones respecto al pronóstico y (si procede) tratamiento del sujeto evaluado. Es importante que esté adaptado al objetivo propuesto, ya que puede solicitarse en diversas situaciones y momentos procesales (sobre presos preventivos, condenados, liberados, detenidos…)

Seguidamente se expone una propuesta de modelo de informe clínico-criminológico adaptada a la práctica profesional.

Estructura del informe

Datos de identificación

- Nombre o código del caso.
- Fecha de la evaluación.
- Profesional/es responsable/s.
- Institución/Servicio.

Objeto del informe

Breve descripción del motivo de la pericia o evaluación, con referencia explícita a la finalidad legal o administrativa (p. ej. valoración de peligrosidad, adopción de medidas de seguridad, seguimiento penitenciario); el tipo de violencia a estimar (general, doméstica, sexual); el horizonte temporal; contexto (libertad, medio penitenciario, medidas); e identificar decisiones que la valoración debe informar: clasificación, condiciones, nivel de supervisión, plan de tratamiento, medidas cautelares.

7.1. METODOLOGÍA

Indicar los métodos y técnicas utilizados, con referencia explícita al método seguido y a la fundamentación científica:

- Revisión de historia clínica y antecedentes penales.
- Entrevista clínico-criminológica semiestructurada.
- Pruebas psicométricas y de personalidad (especificar).
- Observación conductual.
- Revisión de expedientes judiciales, policiales y penitenciarios.
- Otros datos relevantes.

Antecedentes personales y sociales

- Historia familiar, escolar y laboral; desarrollo evolutivo; antecedentes médicos o psiquiátricos; antecedentes penales y penitenciarios. Si es factible, Incluir una historia clínica criminológica.

Evaluación clínica y criminológica

- Examen médico-biológico criminológico.
- Examen psicológico criminológico.
- Examen psiquiátrico criminológico (si procede).
- Examen social criminológico.
- Observación conductual.
- Entrevista criminológica.
- Personalidad y dinámica criminal: identificación de rasgos nucleares y periféricos y su interacción.

Análisis del delito o de la conducta problemática

- Criminogenésis.

- Criminodinamia.
- Interacción entre el 'paso al acto' y la 'situación criminógena'.

Diagnóstico clínico-criminológico

- Diagnóstico psicopatológico según DSM/CIE-11.
- Diagnóstico criminológico: capacidad criminal, adaptabilidad social y estado peligroso.

7.2. VALORACIÓN PRONÓSTICA

- Factores criminógenos de base (psicobiológicos, psicosociales, psicomorales).
- Referencia a los factores de protección si los hubiere.
- Explicitar los factores predictores de comportamiento criminal futuro.
- Evaluación de riesgo de reincidencia y peligrosidad futura (indicando instrumentos utilizados).

Propuesta de intervención

- Recomendaciones de tratamiento individual, grupal o comunitario.
- Pertinencia de inclusión en programas de tratamiento penitenciario si procede.

7.3. CONCLUSIONES

Síntesis de los hallazgos más relevantes, con lenguaje claro y comprensible. Es imprescindible señalar que los resultados obtenidos son válidos al momento de la evaluación, dado el carácter multicausal y dependiente del contexto de la conducta humana.

ANEXOS

Resultados de pruebas psicométricas, tablas y gráficos.

7.4. ANEXO. MÉTODO CC-AS PARA DETERMINAR EL UMBRAL CRIMINAL

7.4.1. Presentación

Si bien la literatura criminológica ha descrito en términos generales el método clínico para la elaboración de perfiles de peligrosidad criminal, no se ha encontrado una estructuración clara, estandarizada y que cumpla con los requisitos y condiciones expuestos en el presente tema; siendo esta carencia una de las mayores dificultades para una aplicación real sobre la que asiente y se desarrolle la técnica.

La propuesta que sigue pretende cubrir ese vacío mediante el denominado *Método CC–AS por matriz 3×3 con regla de activación.* El diseño CC–AS convierte la arquitectura conceptual del tema (capacidad criminal + adaptabilidad social + paso al acto) en un procedimiento operativo, transparente y calibrable. Mantiene la lógica clínica (contenido y constructo), se alinea con las mejores prácticas sugeridas (validez de criterio), mejora la fiabilidad mediante listas 0/1 y se integra sin fricción en el formato del informe clínico-criminológico. Con validación local periódica, ofrece una herramienta proporcionalmente simple para decisiones forenses, penitenciarias y de seguimiento.

7.4.2. Propósito y alcance

Este anexo describe un procedimiento breve y reproducible para decidir si un caso supera el umbral criminal combinando dos ejes: capacidad criminal (CC) y adaptabilidad social (AS). El método trabaja con conteos binarios (de presencia/ausencia) de rasgos y factores, y aplica una regla A–B–C para la decisión.

7.4.3. Justificación del diseño

7.4.3.1. Fundamento teórico: por qué dos ejes (CC y AS)

El tema sitúa el diagnóstico clínico del estado peligroso como la integración de dos bloques: la capacidad criminal (CC), basada en rasgos nucleares y en los factores criminógenos de base (psicobiológicos, psicomorales, psicosociales); y la adaptabilidad social (AS), alimentada por elementos no nucleares y dinámicos de ajuste personal y contextual. El diagnóstico debe constatar el grado de peligrosidad mediante el análisis conjunto de capacidad criminal y adaptabilidad social y graduarlo en términos operativos (baja/media/alta). Esto es exactamente lo que operacionaliza el método CC–AS con dos puntuaciones simples y su tricotomía en bajo/medio/alto.

7.4.3.2. Por qué conteos binarios y listas de presencia/ausencia

El método propuesto exige la sistematización de fuentes y técnicas (historia, entrevista, pruebas, observación, expedientes), y reconoce los límites de fiabilidad del criterio clínico puro. Las listas 0/1 (rasgos nucleares y periféricos, factores de base, activantes) transforman la exploración clínica en un registro estructurado, trazable y auditable, facilitando la fiabilidad interevaluador y su encaje en el informe clínico-criminológico (metodología, evaluación, análisis del delito, diagnóstico y valoración pronóstica).

7.4.3.3. Por qué incluir "activantes situacionales" como regla de decisión

El tema vertebra la explicación del delito con la criminogénesis, criminodinamia y el paso al acto: la acción emerge cuando la situación criminógena coincide con factores situacionales activantes y fallan los inhibidores. Por eso el método usa una regla A–B–C condicionada por activantes:

- A) CC alto + AS baja → umbral superado.
- B) CC alto + AS media con ≥1 activante → umbral superado.
- C) CC medio + AS baja con ≥2 activantes → umbral superado.

Esta regla traslada, de forma parsimoniosa, la ecuación dinámica "fuerzas activantes vs. inhibidoras" que el tema describe para el paso al acto y la situación criminógena.

7.4.3.4. Por qué tramos (bajo/medio/alto) por terciles

El método expuesto pide gradaciones comprensibles y comunicables (p. ej., baja/media/alta) y asume que el pronóstico nunca es absoluto ni infalible. La tricotomía por terciles del rango teórico permite homogeneizar casos con listas de tamaño distinto (Nn, Nf, Np), explicar la decisión pericial sin cálculos complejos, y dejar margen a la revisión periódica conforme cambien tasas base y contextos.

7.4.4. Ventajas prácticas frente a alternativas

El método clínico puro adolece de variabilidad no controlada y el actuarial puro puede ignorar dinamismo y singularidad del caso. La recomendación actual es el juicio profesional estructurado. El método CC–AS equilibra parsimonia y dinamismo: estructura el juicio clínico, incorpora situación criminógena/activantes y permite recalibración local sin depender de grandes bases actuariales.

7.4.5. Aplicabilidad e integración en el informe

El método se inserta de forma natural en el Informe clínico-criminológico:

- Metodología y fuentes (historia, entrevista, observación, pruebas, expedientes).
- Evaluación clínica y criminológica (rasgos nucleares y periféricos, dinámica).
- Análisis del delito (criminogénesis, criminodinamia, paso al acto).
- Diagnóstico (CC/AS/estado peligroso), valoración pronóstica e intervención.

7.4.6. Propiedades psicométricas del instrumento

7.4.6.1. Validez

- *Validez de contenido*: el método usa exactamente los dominios definidos en el tema para el diagnóstico: la capacidad criminal se apoya en rasgos nucleares y factores etiológico-disfuncionales, y la adaptabilidad social se determina con rasgos periféricos y elementos dinámicos personales y psicosociales. Eso aporta una cobertura directa de los contenidos nucleares del constructo clínico de peligrosidad. La incorporación explícita de activantes e inhibidores (y de la situación criminógena específica/amorfa/mixta) asegura que el criterio "paso al acto" integre la criminogénesis y la criminodinamia, que se consideran imprescindibles para explicar cuándo se desencadena la conducta. El reconocimiento y empleo de los posibles factores de protección como contrapeso es coherente con el marco del método propuesto y refuerza la validez de contenido (balance de fuerzas).
- *Validez de constructo*: el eje "capacidad criminal" operacionaliza el diagnóstico ontológico-etiológico, y el eje "adaptabilidad social" captura la dimensión de ajuste/disfunción contextual y personal. Así, su combinación reproduce el "diagnóstico clínico del estado peligroso" graduado explicado en el temario. La regla A–B–C modela el predominio

de activantes frente a inhibidores que se describen como hipótesis explicativas del paso al acto.

- *Validez de criterio convergente*: las categorías del método pueden contrastarse con un juicio profesional estructurado (p. ej., HCR-20V3, SAVRY), ambos reseñados en el tema con evidencia psicométrica aceptable, utilizando su esquema de recogida de información, formulación y escenarios como contraste cualitativo. Una asociación esperable entre "CC alto + AS baja" y mayor riesgo cualitativo en estos instrumentos indicará convergencia.
- *Validez predictiva*: puede verificarse si los casos clasificados como "umbral superado" muestran mayor tasa de hechos relevantes en seguimiento (p. ej., 12–24 meses). El esquema facilita esa recalibración local.

7.4.6.2. Fiabilidad

- *Entre evaluadores*: el uso de listas binarias 0/1 para rasgos nucleares, periféricos y activantes reduce la varianza interpretativa típica del método clínico puro. Para mejorar la fiabilidad interevaluador conviene estandarizar procedimientos de recogida (historia, entrevista, observación, pruebas) y consignar criterios operativos en el informe. El empleo de reglas simples y un *checklist* proporciona un mayor acuerdo esperado.
- *Estabilidad temporal*: el método distingue bien entre factores relativamente estables (rasgos nucleares, factores de base) y dinámicos (periféricos, activantes, situación), lo que permite explicar diferencias de puntuación por cambios reales y no por error de medida, en línea con la lógica dinámica del método propuesto.
- *Procedimientos recomendados*: doble puntuación ciega y consenso; guía breve de codificación por ítem; auditoría muestral mensual; y revisión de casuística limítrofe para refinar

descriptores. Esto alinea la práctica con el énfasis requerido en el uso de un método sistemático y documentado.

7.4.6.3. Ventajas

- *Transparencia y trazabilidad*: la decisión surge de dos ejes explícitos y una regla simple condicionada por activantes; facilita la explicación pericial y responde a las críticas sobre flexibilidad excesiva o falta de individualización.
- *Bajo coste y aplicabilidad inmediata*: no exige grandes bases de datos ni cálculos complejos. Se alimenta de la propia evaluación clínica (historia, entrevista, observación, pruebas) y se integra de forma natural en el informe clínico-criminológico.
- *Complementariedad*: funciona como cribado estructurado previo a herramientas de juicio clínico estructurado o actuariales o como criterio de priorización de casos (p. ej., derivar a juicio clínico estructurado cuando CC es alto y AS es baja); cumpliendo con la recomendación y la tendencia a combinar juicio estructurado con evidencia empírica.
- *Calibrable y auditable*: los puntos de corte por terciles y la regla A–B–C se pueden recalibrar con tasas locales y realimentación periódica.

7.4.6.4. Aplicabilidad

- Ámbito penitenciario: clasificación de riesgo operativo y prioridad de tratamiento/seguimiento.
- Ámbito forense/judicial: motivación de medidas cautelares o de seguridad con un criterio simple y explicable; en medidas de libertad vigilada, para la decisión de intensidad de control y revisión.

7.4.7. Limitaciones y cautelas

- *Reducción de complejidad:* la matriz 3×3 simplifica una realidad multicausal; por ello, se recomienda su uso como filtro estructurado, no como dictamen aislado. Complementarla con formulación del caso y, cuando proceda, instrumentos de juicio clínico estructurado.
- *Muestras y tasas base*: los cambios sociales y el sesgo muestral afectan la aplicabilidad general; por lo que sería necesario revisar trimestralmente la tasa local de eventos por celda para ajustar reglas (p. ej., requerir Na ≥ 2 en B si hay muchos falsos positivos). Para ello se incluye una plantilla de validación local.
- *Heterogeneidad por sexo/ámbito*: Las posibles diferencias por sexo y contexto aconsejan la monitorización del desempeño por subgrupos y la corrección de umbrales si se detectan sesgos.

7.4.8. Propuesta de verificación

Con la finalidad de evaluar adecuadamente las propiedades psicométricas del instrumento, se propone un protocolo de validación en cuatro pasos.

1. Convergencia: comparar la clasificación CC–AS con niveles de riesgo cualitativos en HCR-20/SAVRY en una muestra retrospectiva.
2. Validez predictiva: seguimiento por un período de 12–24 meses estimando tasas por celda y ajustando la regla A–B–C si se detecta sobrepredicción o infrapredicción.
3. Fiabilidad: medir el acuerdo entre dos evaluadores en 30 expedientes (κ de Cohen) sobre RN, RPd y Na; refinando descriptores que muestren desacuerdo.

4. Informe: documentación de criterios, incertidumbre y decisiones, conforme al formato de informe clínico-criminológico.

7.4.9. Procedimiento paso a paso

Completar checklist de rasgos nucleares, periféricos y activantes con las fuentes detalladas (historia clínica criminológica, entrevista, pruebas, observación, expediente). A continuación, calcular CC_simple y AS_simple, categorizar y aplicar la regla A–B–C. Seguidamente registrar los factores inhibidores y de protección para contextualizar la decisión. En "casos frontera", añadir una valoración de juicio clínico estructurado.

Esquemáticamente:

1) Definir Nn, Nf y Np para el caso (listas de referencia).

2) Contar RN, F, RPd y Na (0/1 por ítem, sumando).

3) Calcular CC_simple, AS_simple, CC%, AS% y categorizar cada eje.

4) Aplicar la regla A–B–C y anotar la decisión, más los inhibidores/protección relevantes.

7.4.10. Variables y codificación

Nn: número total de rasgos nucleares posibles en la lista de referencia del centro.

Nf: número total de factores criminógenos de base posibles.

Np: número total de rasgos periféricos posibles.

RN: número de rasgos nucleares presentes en el caso (0/1 por ítem, se suman).

F: número de factores criminógenos de base presentes (0/1 por ítem, se suman).

RPd: número de rasgos periféricos disfuncionales presentes (0/1 por ítem, se suman).

Na: número de activantes situacionales presentes en el caso (por ejemplo, consumo agudo de alcohol/sustancias psicoactivas, presión grupal, ocasión buscada, ganancia percibida).

Cálculo de puntuaciones

1. Capacidad criminal: CC_simple = 2·RN + F; máximo teórico max_CC = 2·Nn + Nf; porcentaje CC% = CC_simple / max_CC.

2. Adaptabilidad social: AS_simple = Np − RPd; máximo teórico max_AS = Np; porcentaje AS% = AS_simple / max_AS.

3. Tramos de categorización: CC bajo < 33%; CC medio 33–66%; CC alto > 66%. AS baja < 33%; AS media 33–66%; AS alta > 66%.

Regla de decisión (A–B–C)

A) CC alto y AS baja → umbral superado.

B) CC alto y AS media con Na ≥ 1 → umbral superado.

C) CC medio y AS baja con Na ≥ 2 → umbral superado.

Si no se cumple A, B o C, el umbral no se considera superado. En todos los casos, se deben documentar inhibidores y factores de protección para el juicio clínico final.

Ejemplos

Ejemplo 1

Datos: Nn=8, Nf=6, Np=10; RN=6; F=4; RPd=8; Na=0.

Cálculos: CC_simple=2·6+4=16; max_CC=2·8+6=22; CC%=16/22=0,7273 → CC alto. AS_simple=10–8=2; max_AS=10; AS%=2/10=0,20 → AS baja.

Decisión: se cumple A (CC alto y AS baja) → umbral superado.

Ejemplo 2

Datos: Nn=8, Nf=6, Np=10; RN=6; F=5; RPd=4; Na=1.

Cálculos: CC_simple=2·6+5=17; max_CC=22; CC%=17/22=0,7727 → CC alto. AS_simple=10–4=6; AS%=6/10=0,60 → AS media.

Decisión: se cumple B (CC alto y AS media con Na≥1) → umbral superado.

Ejemplo 3

Datos: Nn=8, Nf=6, Np=10; RN=4; F=3; RPd=8; Na=2.

Cálculos: CC_simple=2·4+3=11; max_CC=22; CC%=11/22=0,50 → CC medio. AS_simple=10–8=2; AS%=2/10=0,20 → AS baja.

Decisión: se cumple C (CC medio y AS baja con Na≥2) → umbral superado.

Ejemplo 4

Datos: Nn=8, Nf=6, Np=10; RN=5; F=3; RPd=4; Na=0.

Cálculos: CC_simple=2·5+3=13; max_CC=22; CC%=13/22=0,5909 → CC medio. AS_simple=10–4=6; AS%=6/10=0,60 → AS media.

Decisión: no se cumple A, B ni C → umbral no superado.

Nota metodológica

Declaración sobre el uso de IA. Parte de la estructuración y redacción inicial del *Anexo CC–AS* se realizó con asistencia de un modelo de lenguaje (ChatGPT5, OpenAI). El autor revisó, editó y verificó la exactitud de todo el contenido y asume la responsabilidad íntegra del manuscrito. No se listan herramientas de IA como autoras ni se han utilizado datos personales no anonimizados.

PARTE II
PERFILACIÓN CRIMINOLÓGICA

Cap. 8

Conceptos básicos

El perfilado criminológico puede abordarse mediante diversos métodos, entre los que destacan el inductivo, el deductivo, el geográfico y el basado en la psicología investigativa. Cada uno de ellos responde a una lógica distinta de construcción del perfil, aunque comparten el objetivo común de inferir características del autor a partir de las evidencias conductuales y situacionales del delito.

8.1. CONCEPTO DE PERFIL CRIMINOLÓGICO

Podría decirse que hay tantos conceptos o definiciones como autores se han ocupado del mismo, y de sus distintos enfoques (psicológico, estadístico, policial...). Algunos de los más relevantes son:

Canter (1995): la elaboración de perfiles delictivos es el proceso de inferir las características de un delincuente a partir de la forma en que éste actuó al cometer el delito.

Geberth (1996): un perfil de personalidad criminal es un intento educado de proporcionar a los organismos de investigación información específica sobre el tipo de individuo que habría cometido un determinado delito.

Turvey (1999): el proceso de inferir características distintivas de la personalidad de los individuos responsables de cometer actos delictivos se ha denominado comúnmente elaboración de perfiles delictivos.

Otín (2011): el perfil criminal se define como el conjunto de características físicas, psicológicas y sociológicas determinadas como probables del presunto autor de una serie de crímenes, que permite orientar la investigación policial y facilitar el descubrimiento de su identidad, detención y obtención de evidencias que demuestren su culpabilidad.

Garrido (2012): el perfil criminal o criminológico es la disciplina de la ciencia forense que se ocupa de analizar las huellas del comportamiento en una escena del crimen con objeto de proveer información útil a la policía para la captura de un delincuente desconocido.

Sánchez (2012): es aquel que proporciona información derivada del escenario del crimen para ayudar a la investigación policial en la captura de un agresor desconocido. Ese análisis del crimen se centra en dos aspectos fundamentales: la escena del crimen y la víctima.

Cualquiera que sea la definición adoptada, todas ellas tienen en común los *elementos definitorios del perfil criminológico*:

- Es una técnica de apoyo a la investigación policial
- Busca aportar información clave sobre un sospechoso desconocido
- Sus fuentes de información primarias son el escenario del delito, la víctima, y las acciones llevadas a cabo por el agresor para determinar su huella conductual.

8.2. ORÍGENES Y EVOLUCIÓN

Algunos autores han buscado los antecedentes históricos de la técnica en textos medievales como el *Malleus Maleficarum*, publicado en 1486 como una guía para asistir a la identificación, persecución y castigo de brujas durante el período de la Inquisición (Turvey, 2012), interpretación quizá demasiado forzada.

El primer antecedente claro lo encontramos en la figura del médico y escritor Arthur Conan Doyle, con la publicación de su obra "Estudio en Escarlata" en 1887, donde presenta la primera investigación de su famoso detective Sherlock Holmes, precursor del método deductivo de perfilado del que más adelante se tratará. Basaba su método de trabajo en una profunda observación del aspecto y conducta del sujeto para deducir del mismo múltiples características que le ayudaban a desentrañar los crímenes investigados. Más allá de la ficción, encontramos la figura de los doctores George B. Philips y T. Bond, quienes buscaron la intencionalidad psicológica en las lesiones causadas por el famoso asesino Jack el Destripador a sus víctimas. Al Dr. Bond se le atribuye el primer perfil del asesino.

En 1893, el insigne juez criminalista Hans Gross define y relaciona el concepto de "*modus operandi*" (clave en la técnica de perfilado) y conducta del delincuente como rasgo distintivo de este. En 1908 integra los conceptos de conducta y carácter, pilar básico del perfilado: "*cada acto es el producto del carácter total del que actúa*".

En 1943, en plena II Guerra Mundial, el psiquiatra Walter C. Langer, por encargo de los servicios secretos, realizó un exhaustivo estudio de Adolf Hitler y elaboró un perfil psicológico con una concreta finalidad: predecir su conducta, sus decisiones, para anticiparse en el campo de batalla y ganar la guerra.

Hasta aquí podríamos considerar los hitos y figuras mencionados como los antecedentes históricos del perfil criminológico. Veamos ahora las distintas etapas en su desarrollo actual.

8.3. ETAPAS EN EL DESARROLLO DE LA TÉCNICA

Siguiendo a Garrido (2012), pueden distinguirse cuatro etapas en el desarrollo del perfilado criminológico:

8.3.1. Primera etapa. El diagnóstico clínico

Sus actores clave fueron principalmente médicos psiquiatras, que aplicaban sus conocimientos en psicopatología para definir un tipo de personalidad y un diagnóstico compatible con la conducta del criminal, de quien esbozaban rasgos de personalidad y estilo de vida. Su mayor representante fue el Dr. James Brussel, quien en 1956 trazó un preciso perfil del llamado "Bombardero Loco" que sembró de bombas y terror la ciudad de Nueva York durante varios años. En 1964 participaría en el equipo dedicado a analizar los asesinatos del asesino en serie Albert de Salvo, conocido como "el estrangulador de Boston".

No obstante, se omite injustamente la aportación del psiquiatra Paul de River, fundador de la Oficina de Delitos Sexuales del Departamento de Policía de Los Ángeles en 1937, quien ese mismo año realizó el perfil del asesino de tres niñas en la ciudad de Inglewood, en un crimen con claras conductas rituales. Si bien fue muy general y poco preciso, con escasa utilidad práctica, tuvo el mérito de ser el primero en aplicar un razonamiento de tipo estadístico apoyado en casos previos de sus archivos para interpretar los indicios de la escena del crimen y, con el fin de colaborar con la policía, delinear un retrato psicológico del autor. En aquel momento, nadie en Estados Unidos había emprendido un esfuerzo similar. En su obra "*The Sexual Criminal: A Psychoanalytical Study*" (1949) aportó por primera vez la diferencia entre asesinos sádicos y lujuriosos; el análisis de las conductas realizadas en la escena del crimen y su interpretación como "símbolos" de conductas psicopatológicas como el fetichismo o el exhibicionismo; y la detección de la evolución de las fantasías sádicas al paso al acto manifestado en las conductas ejecutadas en la escena del crimen. Por último, fue también pionero en promover la idea de un sistema de registro de delincuentes sexuales y en destacar la necesidad de la investigación psicológica del delito.

8.3.2. Segunda etapa. La Unidad de Ciencias de la Conducta del FBI

Paralelamente al trabajo del Dr. Brussel, en 1957, cuando investigaba un asesinato en Los Ángeles, el detective Pierce S. Brooks se percató de la necesidad de compartir información sobre los crímenes a nivel nacional para potenciar la investigación y poder relacionar casos en distintos puntos geográficos que pudieran ser cometidos por el mismo autor, como sucedió con su investigación, que resultó ser un crimen cometido por el asesino en serie Harvey Glatman. Esta idea dio lugar al nacimiento de una herramienta clave en el futuro desarrollo de la técnica: el Centro Nacional para el Análisis del Crimen Violento (NCAVC por sus siglas en inglés) y el Programa de Detención de Criminales Violentos (VICAP por sus siglas en inglés). En 1978, dos policías criminólogos, H. Teten y P. Mullany, comenzaron a impartir cursos de Criminología Aplicada en la Academia del FBI. Algunos agentes interesados en el potencial del conocimiento clínico y criminológico para la investigación criminal entre los que destacan R. Ressler, J. Douglas o R. Hazelwood, comenzaron a estudiar su aplicación directa al estudio de asesinos convictos, cuyos resultados fueron el germen de la técnica del perfilado y de la pionera Unidad de Ciencias de la Conducta del FBI.

8.3.3. Tercera etapa. La aproximación estadística

En 1985, el psicólogo ambientalista David Canter fue requerido para colaborar con la policía para la investigación sobre una serie de crímenes violentos en Surrey (Inglaterra), cometidos por el que fue conocido como "el asesino del ferrocarril" John Duffy. Canter aplicó teorías psicológicas sobre el desplazamiento geográfico a la investigación policial, en lo que puede considerarse el primer antecedente claro de la variante del perfil geográfico criminal. A finales de los años 90 del pasado siglo desarrolló la disciplina denominada "psicología de investigación" (*investigative psychology*), como metodología de perfilado basada en la aplicación de métodos estadísticos y matemáticos a estudios sobre muestras de delincuentes violentos.

8.3.4. Cuarta etapa. El apoyo conductual para la investigación (BIA)

Entrando ya en el siglo XXI, cobra fuerza el modelo de equipos multidisciplinares compuestos por psicólogos, criminólogos e investigadores policiales orientados al análisis de conducta como apoyo y orientación a la investigación en su conjunto, más allá de establecer un perfil del agresor desconocido. Esta tendencia no ha llegado a consolidarse en los cuerpos policiales, que tradicionalmente han sido reacios a compartir su información con expertos ajenos, y han optado en su mayoría por conformar unidades especializadas formadas por agentes con formación en Psicología y Criminología además de experiencia en investigación policial.

Cap. 9

Metodologías aplicadas al perfil criminológico

9.1. EXPERIENCIA Y PRAGMATISMO: LA ESCUELA DEL FBI (CRIMINAL INVESTIGATIVE ANALYSIS)

Como se ha mencionado, esta orientación técnica tuvo su origen en la aplicación práctica de la Criminología. Basaron su trabajo en la combinación de utilizar toda la información sobre distintos crímenes, previamente sistematizada, con la experiencia, la intuición y el conocimiento de los agentes de campo, aplicando el método deductivo. Surgieron así clasificaciones generales, simplificadas, pero que trabajan bien operativamente al poder ser aplicadas por investigadores policiales no expertos en psicología. Sus mayores aportaciones son el concepto de escenarios y agresores organizados vs. desorganizados, la distinción entre los conceptos de firma, ritual y modus operandi, y el Manual de Clasificación del Crimen, primer intento de sistematizar y clasificar la conducta delictiva atendiendo a criterios definidos y ofreciendo al investigador orientaciones para la investigación adaptadas a cada tipo de delito.

Vimos en el capítulo 1 que la orientación pionera en el campo policial vino de la mano del F.B.I., cuyo enfoque se basaba en la experiencia y el pragmatismo, buscando la aplicabilidad directa en investigaciones de alto perfil y grado de dificultad que requerían el uso de nuevas técnicas que rompieran el esquema metodológico clásico de las investigaciones criminales; algo necesario especialmente en crímenes atípicos de carácter sexual y crímenes en serie, con una elevada incidencia en la década de los años 70 y 80 del pasado siglo e ínfimos índices de resolución.

El perfilado deductivo, también conocido como "la escuela del FBI" o "*Criminal Investigative Analysis*" ha sido duramente criticado por otras orientaciones. Sin embargo, muchas de las variables que tiene en cuenta se han incorporado y perduran en otras metodologías de perfilación.

9.1.1. Presupuestos básicos

La premisa básica de este modelo es su utilidad operativa. No busca definir ni explicar las posibles patologías del agresor, pero sí precisar rasgos distintivos del mismo, predecir conductas que permitan establecer estrategias operativas para identificar y detener al criminal, y ofrecer soporte a la investigación post-detención.

Se fundamenta en el análisis de la escena del crimen y la interpretación de la conducta del criminal en aquella, mediante el razonamiento lógico deductivo-inductivo y cierto subjetivismo intuitivo experiencial.

Propios de este enfoque, aunque luego se han adoptado por otros, son los conceptos de *modus operandi*, firma (*signature*), sello personal (*personation*) y escenificación (*staging*).

9.1.1.1. El modus operandi

En el ámbito de la investigación criminal, el término *modus operandi* ("modo de obrar" en su traducción literal del latín) viene siendo utilizado desde principios del siglo XX (Atcherley, 1913; Gross, 1924). Fue ampliado y generalizado por el FBI para su aplicación durante el proceso de perfilado, debiendo ser entendido como el conjunto de actos ejecutados por el delincuente necesarios para la comisión del delito y cuya característica común es su repetición en sucesivos hechos similares. Al tratarse de una conducta aprendida, dinámica y maleable en la que la respuesta de la víctima también tiene una significativa influencia, variará frecuentemente entre el primer delito y los siguientes, por lo que su grado de evolución es un útil indicio acerca de la personalidad y circunstancias del delincuente.

La Escuela del FBI enfatiza su utilidad para vincular distintos casos con un mismo autor, con la prevención de tener en cuenta sus posibles variaciones. Para su correcta apreciación será necesario atender, además de la respuesta de la víctima, a los factores que influyen en estas conductas: *fortalecedores* (como habilidades técnicas o profesionales adquiridas, familiaridad con conocimientos especializados, aprendizaje de los propios errores durante su experiencia criminal, estancias en prisión o conocimientos adquiridos a través de los medios de comunicación; entre otros) o *desestabilizadores* (como el consumo de sustancias tóxicas, trastorno o enfermedad mental, innovación, estado de ánimo...).

9.1.1.2. La firma

Se cree erróneamente que este concepto es originario del ámbito del perfilado criminológico. Sin embargo, Atcherley ya incluyó el concepto *trademark* ("marca personal") en su conceptuación del modus operandi, entendiéndolo como la realización de actos inusuales por el delincuente en relación con el crimen (Álvarez, 2009). No obstante, es la Escuela del FBI la que adaptó y desarrolló este concepto, entendiendo la firma (*signature*) como una combinación única de conductas que combina elementos del modus operandi y los elementos expresivos (los rituales y las fantasías) presentes en el crimen y que pueden ser utilizadas para determinar con un alto grado de probabilidad si una serie de delitos ha sido perpetrada por un mismo delincuente (Hazelwood y Warren, 2004).

Esta conducta criminal va más allá de las acciones necesarias para perpetrar el delito (el modus operandi) y es más estable que este, aunque pueden perfeccionarse ciertos detalles con el transcurso del tiempo, pero la base de la firma seguirá siendo la misma.

9.1.1.3. El sello personal (personation)

Viene definido por la atribución de significados simbólicos a los actos que configuran la firma y que solo el delincuente conoce, constituyendo la llamada personalización o sello personal. La diferencia con la firma estriba en que ésta constituye un comportamiento ritualista repetitivo de un delito a otro. Podría decirse que el sello personal es el significado de la firma.

9.1.1.4. La escenificación (staging)

La puesta en escena o escenificación consiste en la alteración deliberada de la escena del crimen antes de la llegada de la policía. En el ámbito del perfilado se interpreta como la intención del delincuente de desviar, entorpecer o retrasar la investigación. No debe confundirse con las conductas de firma, que tienen un carácter expresivo y buscan la satisfacción de necesidades psicológicas.

9.1.2. Metodología

En sus inicios, y basándose en el análisis de la información obtenida de una serie de entrevistas a notorios asesinos sexuales y seriales encarcelados, se diseñó una metodología de análisis basada en seis etapas.

9.1.2.1. Recogida de información (profiling inputs)

Se considera fundamental contar con toda la información disponible sobre el suceso a analizar, para lo cual ha de recopilarse de todo tipo de fuentes: actas de inspección ocular, atestados, notas de los investigadores, declaraciones recogidas, reportajes fotográficos, informes de autopsia, información sobre la víctima o víctimas (victimología) y por supuesto las evidencias físicas recogidas en el escenario del crimen. Debe evitarse cualquier tipo de información relacionada con posibles sospechosos identificados, toda vez que puede sesgar el futuro análisis. Todos los datos obtenidos serán posteriormente interpretados desde un punto de vista diferente al meramente técnico: el psicológico.

9.1.2.2. Clasificación de la escena del crimen (Decision Process Models)

Aquí la información obtenida es organizada y clasificada por el analista teniendo en cuenta diversos parámetros:

- *El tipo y estilo de homicidio.* De caso único (una víctima en un único evento). Doble (dos víctimas en un único evento), en serie (tres o más víctimas en lugares distintos con un período de enfriamiento entre los distintos hechos), frenético o itinerante (dos o más víctimas en distintos lugares en un mismo hecho sin solución de continuidad ni período de enfriamiento) o en masa (cuatro o más víctimas en mismo lugar y tiempo).
- *La intencionalidad primaria.* Constituye la motivación principal atribuida a los actos del criminal en base a la información recogida y siendo una primera aproximación, pues puede variar conforme se vaya profundizando en el análisis del suceso.
- *El nivel de riesgo de la víctima.* Las condiciones espaciotemporales y personales de la víctima que la hacen ser más propicia o atractiva para su victimario: su estilo de vida, características físicas, edad, hábitos, desplazamientos habituales, el momento y lugar de la agresión, etc. Se clasifica el nivel de riesgo en bajo, medio o alto.
- *El nivel de riesgo del agresor.* Hace referencia al riesgo asumido por este para cometer el hecho, en función tanto de la víctima como de las características espaciotemporales. Se clasifica igualmente en bajo, medio o alto, y suele cursar en

contraposición al riesgo de la víctima (a mayor riesgo para la víctima, menor para el agresor).

- *El escalamiento.* A partir de la deducción de la secuencia de actos cometidos durante el delito, puede determinarse el potencial del delincuente no solo para escalar sus delitos (por ejemplo, de mirar a escondidas a manosear, a agredir, a violar y a asesinar), sino también para repetir sus delitos de forma serial.
- *El modus operandi.* Se analiza tanto su dinámica (qué actos concretos fueron ejecutados en cada caso) como su posible evolución e incluso involución en casos que puedan ser relacionados entre sí.
- *Las variables espaciotemporales.* Se intenta averiguar el por qué un crimen se cometió en un momento y un lugar determinado, asumiendo que influyen en la toma de decisiones del agresor. El tiempo empleado para asesinar a la víctima, el empleado en el escenario y en la disposición del cuerpo, día y hora… Todo ello en relación con el lugar o lugares en que se desarrolló el crimen.

9.1.2.3. Evaluación del crimen (Crime Assesment)

Implica la reconstrucción de la secuencia de los hechos y el comportamiento tanto del delincuente como de la víctima. Se comienza con el estudio y análisis de la dinámica delictiva, la interacción de los comportamientos de agresor y víctima durante el suceso y de ambos antes y después del mismo y su influencia en el resultado final. El analista intentará diferenciar aquellas conductas producto de la interacción y aquellas otras de carácter intrínseco del agresor.

En esta etapa emerge el pilar fundamental de esta metodología: la asociación de características entre la escena del crimen y el criminal, basadas en los conceptos de organización/desorganización. El concepto hace referencia al grado de organización del comportamiento del individuo manifestado en la escena del crimen, resultando en una tipología que intenta relacionar características observables en la escena del crimen con la psicología y modus operandi del autor. Así, la *escena organizada* refleja control, planeación y autocontrol emocional, mientras la *desorganizada* denota impulsividad, falta de planeación y descontrol emocional. La casuística e investigaciones posteriores han señalado que esta dicotomía es demasiado rígida, pues muchas escenas presentan características mixtas, lo que limita la validez científica de la tipología (Canter, 2000), por lo que finalmente se añadió un tercer tipo de escena, la *mixta*, que presenta características de ambos tipos. En realidad, más que una clasificación categórica pura debería verse como un *continuum* en el que la escena organizada y desorganizada serían los respectivos extremos.

Tabla 3. *Comparación entre escenas organizadas y desorganizadas*

Aspecto	**Escena organizada**	**Escena desorganizada**
Planificación	El delito se planifica con antelación.	El delito surge de manera impulsiva, sin preparación previa.
Selección de la víctima	La víctima es elegida de forma deliberada.	La víctima suele ser seleccionada al azar o por oportunidad.
Método de comisión	El autor utiliza instrumentos preparados (cuerda, armas, etc.).	Se emplean armas improvisadas o disponibles en el entorno inmediato.
Evidencias	Se intenta ocultar o eliminar pruebas; la escena es manipulada.	La escena aparece caótica, con abundancia de huellas y objetos desordenados.
Destino de la víctima	El cuerpo puede ser trasladado, ocultado o dispuesto de forma planificada.	El cadáver queda expuesto y abandonado en el lugar.
Conducta post-crimen	Incluye limpieza, ocultamiento y huida organizada.	Se caracteriza por la huida precipitada, sin ocultamiento.
Perfil probable del autor	Individuo con inteligencia superior a la media, socialmente integrado y con control emocional.	Sujeto socialmente aislado, con dificultades cognitivas y emocionales, de conducta impulsiva.

Interpretación psicológica	Refleja autocontrol, frialdad y cálculo.	Denota descontrol emocional, caos y violencia excesiva.

Nota. Adaptado de Douglas, J. E., Ressler, R. K., Burgess, A. W., & Hartman, C. R. (1986). Criminal profiling from crime scene analysis. Journal of Forensic Sciences, 31(1), 145–160.

Así, partiendo de las características del escenario criminal, se realizan inferencias sobre el autor del crimen:

Tabla 4. *Características comparativas entre asesinos organizados y desorganizados*

Aspecto	**Asesino organizado**	**Asesino desorganizado**
Antecedentes	Con antecedentes policiales	Con antecedentes policiales/psiquiátricos
Competencia social	Competente socialmente	Graves dificultades de relación social
Conducta previa	Antecedentes de violencia	Conducta peligrosa anunciadora del crimen
Forma de actuar	Puede actuar con cómplices	Actúa siempre en solitario
Interacción con la víctima	Habla con la víctima	No habla con la víctima
Tortura	Puede torturarla ante mortem	Raramente, torturas preliminares
Arma utilizada	Usa el arma que porta	Usa el arma que encuentra
Control sobre la víctima	Domina con habilidad a la víctima	Ataque sorpresivo y brutal para controlarla
Manejo del cadáver	Puede ocultar el cadáver	Abandona el cadáver sin precauciones
Conducta post-crimen	Huye del lugar del crimen	En ocasiones permanece en el lugar
Suicidio post-crimen	Infrecuente	Frecuente
Relación con la captura	Intenta evitar su detención	Se despreocupa de su captura
Número de víctimas	Gran número de víctimas en largo tiempo	Múltiples víctimas en poco tiempo
Conciencia de los actos	Sabe y conoce lo que hace	No tiene conciencia de sus actos

Nota. Adaptado de Douglas, J. E., Ressler, R. K., Burgess, A. W., & Hartman, C. R. (1986). Criminal profiling from crime scene analysis. Journal of Forensic Sciences, 31(1), 145–160.

Es también en esta etapa en la que se intenta determinar la posible existencia de manipulaciones o alteraciones intencionales del escenario con el fin de desviar o entorpecer la investigación, lo que se conoce como *escenificación* (*staging*).

La *motivación* es otro importante aspecto que determinar. Resulta complicado puesto que requiere interpretar los pensamientos y el comportamiento del delincuente. La motivación es más fácil de inferir en el delincuente organizado, que premedita, planifica y tiene la capacidad de llevar a cabo un plan de acción lógico y completo. Las motivaciones que impulsan al delincuente desorganizado suelen estar vinculadas a la presencia de trastornos mentales y a los patrones de pensamiento alterados que estos generan, a menudo manifestados en forma de delirios o alucinaciones. Asimismo, el consumo de drogas o alcohol, junto con las reacciones de pánico y el estrés ocasionado por posibles interrupciones durante la comisión del delito, constituyen elementos relevantes que deben considerarse en el análisis integral de la escena del crimen.

9.1.2.4. Generación del perfil (Criminal Profile)

Tras analizar, depurar e interpretar toda la información, el analista ya está en disposición de elaborar un perfil del agresor, que típicamente incluye inferencias sobre:

- *Características demográficas* (edad, sexo, raza, nivel educativo).
- *Características psicológicas* (inteligencia, personalidad, control emocional, posibles trastornos).
- *Aspectos sociales* (relaciones familiares, trabajo, integración social).
- *Conductas probables* (hábitos, rutina, uso de armas, rituales).

– *Residencia y movilidad* (*geoprofiling*, zonas de confort).

El perfil debe encajar con la reconstrucción previa del delito, con las pruebas y con los modelos clave del proceso de decisión. Si se detectan incongruencias, los analistas deben revisar todos los datos disponibles.

9.1.2.5. Investigación (Investigation)

Una vez determinada la congruencia del perfil criminal, se proporciona un informe escrito, se aplican las recomendaciones de investigación generadas en la etapa cuatro, se selecciona y evalúa a los sospechosos que coinciden con el perfil y se recomiendan estrategias para su interrogatorio. Si no se logra la identificación, la detención y la confesión, pero se generan nuevas pruebas (por ejemplo, por otro asesinato) y/o no se identifica a ningún sospechoso, se lleva a cabo una reevaluación de la información y se revalida el perfil.

9.1.2.6. Detención (Apprehension)

Tras la detención del presunto agresor, se contrasta el perfil elaborado para evaluar su precisión y retroalimentar el método con nuevos datos para mejorar futuras investigaciones. En el siguiente esquema se detalla el proceso:

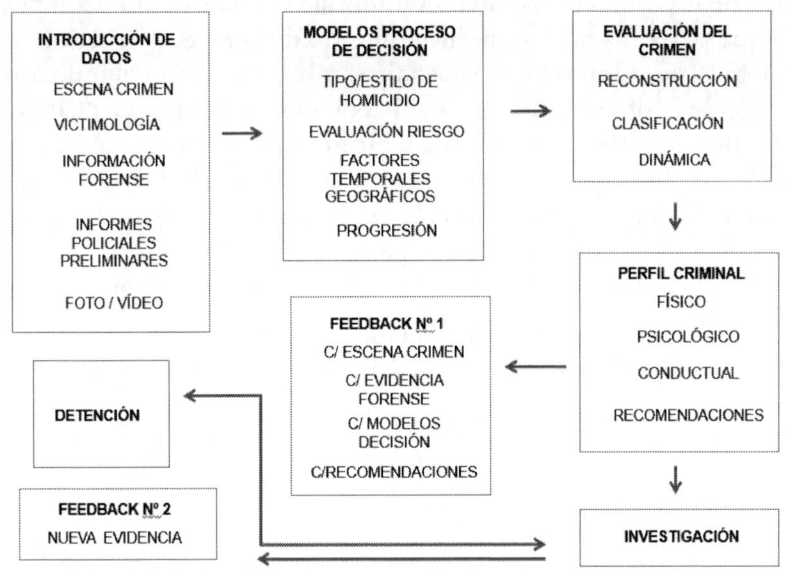

Figura 1. *Ciclo de trabajo Crime Investigative Analysis*

9.2. EL CRIMEN COMO NARRACIÓN: LA ESCUELA INGLESA (*INVESTIGATIVE PSYCHOLOGY*). PERFILADO INDUCTIVO

Tuvo su origen en la aplicación de teorías ambientalistas de la psicología y la criminología que derivaron en el desarrollo de la técnica del perfilado geográfico; y posteriormente evolucionó hacia una mayor atención a la consistencia del comportamiento criminal. Sus mayores aportaciones son la introducción de métodos y modelos puramente científicos (estadísticos y matemáticos), la aplicación del concepto de violencia expresiva/instrumental a la conducta manifestada en la escena del crimen, y el desarrollo de la técnica del perfilado geográfico.

El perfilado inductivo hunde sus raíces en la aplicación de teorías ambientalistas de la criminología empírica y el análisis estadístico de la conducta criminal. A diferencia del perfilado deductivo —que parte del análisis individualizado de la escena del crimen y busca extraer inferencias específicas sobre el autor— el inductivo surge de la observación sistemática de grandes muestras de delincuentes y delitos, apoyándose en estudios estadísticos multivariantes y patrones de comportamiento previamente documentados en bases de datos criminales. Tiene su principal exponente en el psicólogo inglés David Canter, padre de la denominada "escuela inglesa" también conocida como "*Investigative Psychology*".

Este modelo también ha recibido críticas, como su enfoque excesivamente académico y la dificultad de aplicación en casos reales.

9.2.1. Presupuestos básicos

Este enfoque se basa en la interpretación de la conducta del criminal en determinadas áreas (*facetas*) y el análisis del crimen como una historia personal (*narración*). Canter sostiene que el comportamiento del criminal es consistente en todas sus actividades, incluso las no criminales, y que sus delitos reflejan su propia historia personal a medida que ésta se va construyendo. Así, su comportamiento en la escena del crimen aporta información sobre sus características personales.

El perfilado inductivo se sustenta en una serie de supuestos fundamentales:

9.2.1.1. El modelo de los cinco factores

Desde la perspectiva del crimen como una narración de la vida de su autor, toma como base para su método cinco factores que conforman el pasado y el presente del sujeto. Estos factores son:

- La *coherencia interpersonal*. El comportamiento del delincuente durante la comisión de sus delitos y la interacción con la víctima será similar a su comportamiento habitual en la vida diaria). Aquí hace énfasis en el significado del tiempo y el espacio, puesto que pueden reflejar características de personalidad.

- Las *características criminales.* Pueden ayudar a determinar si con arreglo a ellas (la naturaleza del delito y la forma en que se comete) pueden dar lugar a algunas clasificaciones de lo que es característico basadas en entrevistas con delincuentes y estudios empíricos.
- La *carrera criminal* sugiere que un delincuente se comportará de manera similar a lo largo de una serie de delitos, aunque se reconoce que hay cierto margen para la adaptación y el cambio. Esta adaptación y este cambio pueden reflejar experiencias pasadas durante la comisión de delitos; y la existencia de conductas de precaución pueden informar sobre contactos previos con el sistema de justicia penal.
- La *conciencia forense,* o el conocimiento de técnicas policiales y criminalísticas demostradas en conductas de precaución (como evitar dejar rastros o vestigios, o eliminarlos tras la acción criminal) puede indicar la existencia de antecedentes policiales o judiciales previos.

9.2.1.2. Consistencia del comportamiento criminal

Se asume que los delincuentes tienden a mantener patrones de conducta estables a lo largo de distintos delitos.

9.2.1.3. Homología del comportamiento

Se presupone que delincuentes con características similares tienden a mostrar conductas semejantes en la comisión de delitos, lo que permite inferir datos sobre el autor desconocido a partir de la comparación con perfiles conocidos.

9.2.1.4. Base estadística y empírica

Las inferencias no se apoyan únicamente en la intuición del analista, sino en estudios empíricos que correlacionan variables conductuales y sociodemográficas.

9.2.1.5. Violencia expresiva e instrumental

La violencia *expresiva* es un reflejo del estado emocional del sujeto (ira, frustración, odio), que intenta expresar a través de los actos violentos con la víctima. Es propia de agresores con dificultades para controlar sus impulsos, bajo nivel de inteligencia y escasa capacidad de organización.

La violencia *instrumental* es aquella ejercida por el agresor para conseguir sus fines (atemorizar, inmovilizar o neutralizar la respuesta de la víctima) o satisfacer sus deseos o necesidades (sexo, dinero...). Es propia de agresores socialmente competentes, capaces de controlar sus impulsos y planear sus delitos.

9.2.2. Metodología

Canter se inspira en un modelo teórico de la conducta, el modelo de sistema de acción de Shye (1985), quien parte de la idea de que la acción humana es un sistema abierto, compuesto por elementos interrelacionados que no pueden comprenderse de manera aislada. De este modo, se busca una visión holística de la conducta, superando explicaciones unidimensionales. El modelo se organiza en una matriz cuadripolar, donde se cruzan dos grandes ejes:

1. Dimensiones funcionales de la acción:

- Expresiva (expresión de emociones, valores y actitudes).
- Instrumental (orientada a objetivos concretos y a la resolución de problemas).

2. Dimensiones estructurales del sistema:

– Interna (procesos psicológicos y subjetivos del individuo).

– Externa (relación del individuo con el entorno social).

Del cruce de estos ejes resultan cuatro sistemas de acción fundamentales:

– Afectivo interno: emociones, motivaciones y actitudes personales.

– Cognitivo-instrumental: capacidades intelectuales y destrezas para resolver problemas.

– Afectivo externo: vínculos interpersonales, comunicación y relaciones sociales.

– Instrumental externo: participación social, desempeño laboral y rol en la comunidad.

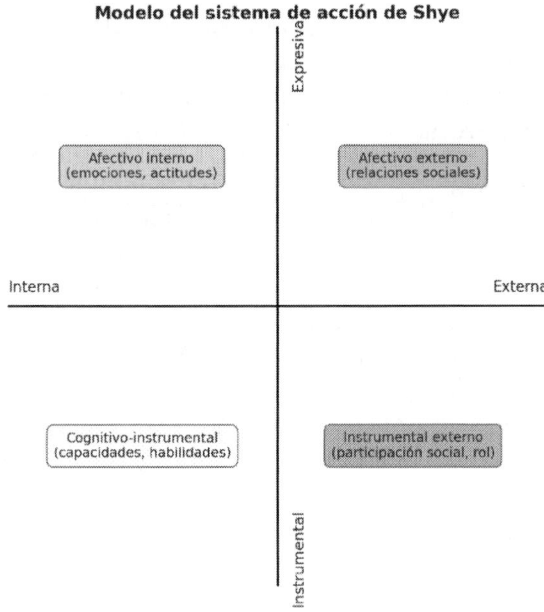

Figura 2. *Modelo adaptado del sistema de acción de Shye*

Canter adaptó estos sistemas básicos de funcionamiento para la construcción de perfiles, afirmando que el comportamiento del criminal puede encuadrarse en uno de estos temas (Sotoca, González y Halty, 2019):

- *Adaptable*: el individuo ajusta su conducta a las condiciones de su entorno. Por ejemplo, el delincuente oportunista.
- *Expresivo*: se caracteriza por un comportamiento guiado por una pulsión interna (psicológica) que busca satisfacer mediante la comisión de determinados actos (por ejemplo, actos de sadismo).
- *Integrador*: el sujeto actúa por impulsos internos, que tienden a satisfacer objetivos internos. Sería el caso de individuos que actúan movidos por trastornos mentales o consumo de drogas, en los que su comportamiento criminal no tiene una explicación lógica.
- *Conservador*: el comportamiento delictivo viene motivado por una fuente de origen externo, ambiental, como respuesta al mismo (por ejemplo, un acto de venganza por una afrenta previa).

La metodología de Canter se sustenta también en el *modelo de facetas* (*facet theory*) inspirado en la teoría de facetas de Louis Guttman, que desarrolló como un marco metodológico para analizar el comportamiento criminal de manera estructurada, con la finalidad de organizar y clasificar las conductas observadas en los delitos dentro de un espacio sistemático, de modo que puedan identificarse patrones consistentes que ayuden a perfilar al autor. Se fundamenta en el uso de técnicas estadísticas (especialmente el análisis multivariante y el escalamiento multidimensional) para mapear las relaciones entre variables conductuales en un espacio gráfico o mapa conceptual.

El modelo parte de tres supuestos clave:

1. *La conducta criminal es multifacética*: cada acción puede entenderse como resultado de diferentes dimensiones o facetas que interactúan.
2. *El significado surge de la estructura*: no es tanto una conducta aislada la que aporta información, sino su posición y relación con otras conductas.
3. *La representación espacial ayuda a comprender patrones*: al situar las conductas en un espacio gráfico, se revelan regularidades y tipologías que no serían evidentes de otra manera.

Las conductas se agrupan en *facetas* que representan dimensiones significativas:

– Faceta *interpersonal*: cómo se relaciona el delincuente con la víctima (p. ej., dominación, seducción, control).
– Faceta *instrumental*: el grado en que las acciones del delito se orientan a un objetivo práctico (p. ej., robo, obtención de beneficios materiales).
– Faceta *expresiva*: la expresión emocional y simbólica que transmite el delito (p. ej., violencia gratuita, humillación, ritual).

Estas facetas permiten situar cada conducta en un espacio facetado, generalmente representado mediante un radex o mapa circular, donde las conductas cercanas comparten significados similares. El análisis de facetas se desarrolla en varias fases:

1. *Definición de facetas*: identificar las dimensiones relevantes para el comportamiento a estudiar.
2. *Codificación de conductas*: clasificar las acciones observadas en los delitos dentro de estas facetas.
3. *Aplicación de técnicas estadísticas*: escalamiento multidimensional (MDS) o análisis multivariante para representar gráficamente las relaciones entre conductas.

4. *Interpretación del mapa*: observar la disposición de las conductas en el espacio facetado y extraer tipologías delictivas.

5. *Comparación con bases empíricas*: los datos codificados se comparan con grandes muestras de delitos y delincuentes previamente registrados, identificando correlaciones estadísticas.

6. *Inferencia de características*: con base en los patrones, se elaboran hipótesis sobre el sexo, edad, nivel educativo, antecedentes y posibles motivaciones del autor.

7. *Validación y ajuste:* el perfil se somete a revisión conforme avanza la investigación y se contrastan las inferencias con los datos policiales.

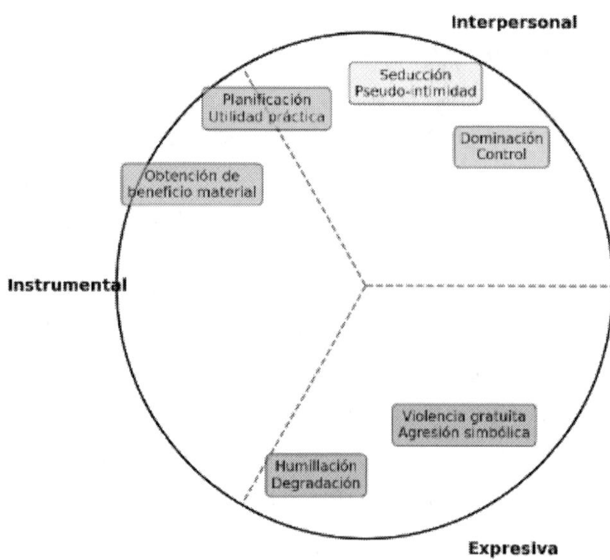

Figura 3. *Modelo de facetas de David Canter*

9.3. EL PERFILADO GEOGRÁFICO: EL VIAJE AL CRIMEN

Utilizando herramientas de software para la realización de cálculos probabilísticos, busca priorizar la reducción de zonas geográficas de búsqueda del criminal, establecer vínculos entre distintas localizaciones de escenarios criminales, o determinar el área de trabajo o residencia más probable del delincuente serial investigado. Sus aportaciones más destacadas son la aplicación de las teorías ambientalistas y la hipótesis del círculo. Su figura más destacada es el criminólogo y matemático Kim Rossmo.

El perfil geográfico es una técnica de análisis espacial que, a partir de los lugares donde se han cometido delitos vinculados entre sí, estima el área más probable del *punto de anclaje* del autor (residencia, trabajo u otro lugar habitual). Así, en sus inicios consistía en el examen de las localizaciones espaciales de una serie de crímenes vinculados a un mismo autor con el objetivo de predecir el área más probable en la que se encuentre su punto de anclaje (Rossmo, 2000). Más modernamente puede entenderse como la aplicación (deductiva) de las teorías y conceptos de la criminología ambiental para estudiar los patrones de comportamiento espaciotemporal de los criminales en la investigación policial, para ayudar al proceso de toma de decisiones (Sotoca, González y Halty, 2019).

Surge al confluir la criminología ambiental (que explica la ocurrencia del delito por la intersección entre oportunidades y rutinas en un "telón de fondo" espacial) y la práctica policial de mapear series delictivas. Brantingham y Brantingham sistematizaron la *teoría de los patrones delictivos*, destacando nodos de actividad, caminos y bordes que estructuran el "espacio de conciencia" del infractor. Sobre la base de distintas teorías (elección racional, actividades rutinarias y teoría de los patrones delictivos), se desarrolló a principios de los años 90 del pasado siglo por investigadores como David Canter y Kim Rossmo.

La técnica ha evolucionado desde el empleo inicial de algoritmos clásicos hasta el más moderno uso de enfoques estadísticos bayesianos; implementados en software cuya evolución y los estudios criminológicos que los alimentan han permitido ampliar ese objetivo inicial hasta poder llegar a dibujar un perfil de sus patrones de comportamiento espaciotemporales que incluye aspectos tales como sus probables zonas de acecho, captura y abandono del cuerpo y que permite realizar inferencias sobre otros aspectos de su conducta criminal.

El perfil geográfico es hoy un sistema de apoyo a la decisión con base teórica sólida y múltiples implementaciones. La evidencia empírica muestra utilidad operativa en la priorización de áreas de búsqueda, aunque con resultados mixtos y condiciones de uso exigentes, ya que depende de la calidad del enlace de casos, de la movilidad del autor, del tamaño y forma del área de estudio y de la calibración de la función de distancia.

Se utiliza para una variedad de tipologías delictivas (crimen en serie, incendios provocados, atracos, robos en viviendas...).

Como todos los enfoques, también ha recibido críticas, centradas en la influencia del sesgo de los datos introducidos y en general de la exigencia de una elevada cantidad y calidad de estos para poder obtener resultados fiables.

9.3.1. Presupuestos básicos

Para la elaboración de perfiles geográficos deben tenerse en cuenta diferentes premisas procedentes del trípode teórico conformado por las teorías de elección racional, actividades rutinarias y patrones criminales:

- El comportamiento está influido por el ambiente.
- El delito tiende a concentrarse espaciotemporalmente.
- El conocimiento de los factores ambientales y del delito constituyen una herramienta válida de investigación.

La *teoría de elección racional* (Clark y Cornish, 1985) entiende el delito como una elección oportunista y situada: el infractor evalúa beneficios (ganancia, emoción, estatus) frente a costos (esfuerzo, riesgo de identificación, castigo). Esta teoría engarza con la de las *actividades rutinarias* (Cohen y Felson, 1979), para la cual las oportunidades surgen donde convergen un infractor motivado, un objetivo atractivo y una vigilancia insuficiente; y ambas convergen en la *teoría del patrón delictivo* (Brantingham y Brantingham, 1991) para explicar dónde y cuándo se materializan los eventos delictivos, que añade a las anteriores la experiencia del delincuente producto del aprendizaje que le ofrece su vida diaria. Su idea central es que el delito no se distribuye al azar: emerge donde las rutas cotidianas de ofensores y víctimas se cruzan dentro del espacio de conciencia del ofensor (su área conocida). Así, el espacio físico se organiza en nodos (hogar, trabajo, ocio), sendas (rutas) y bordes (fronteras físicas o simbólicas) que canalizan oportunidades.

9.3.1.1. Puntos de anclaje

Son los lugares desde los cuales el delincuente organiza o inicia sus desplazamientos, tanto cotidianos como delictivos, y están relacionados con las áreas donde vive, trabaja o disfruta del ocio, denominados *nodos*, que estructuran el "espacio de conocimiento" (*awareness space*) del delincuente y genera a su vez determinados patrones espacionales, como el decaimiento con la distancia y la zona de amortiguación (*buffer zone*). Son por tanto una variable muy importante que inferir a partir de los delitos analizados.

Puede haber varios anclajes en función de las áreas donde tiene su residencia, trabajo u ocio, e incluso anclajes transitorios (por ejemplo, debido a alojamientos temporales); por lo que los modelos de perfilado deben contemplar la posibilidad de estos cambios.

9.3.1.2. El principio de decaimiento con la distancia

La probabilidad de seleccionar un lugar para delinquir decrece al aumentar la distancia al punto de anclaje, por costes y pérdida de familiaridad. Suele asumirse en relación con este principio que la distancia recorrida varía en función del tipo de delito y que hay grandes variaciones interindividuales en la distancia recorrida; si bien casi la mitad de las actividades delictivas se llevan a cabo a menos de 1, 5 km de la residencia del delincuente.

9.3.1.3. Zona de amortiguación (buffer zone)

Constituida por las inmediaciones del anclaje, en las que el delincuente evita actuar para reducir el riesgo de identificación; lo que genera un "anillo" de mayor probabilidad de delinquir a cierta distancia considerada segura.

9.3.1.4. Los mapas mentales

Son representaciones internas que se construyen del entorno, para orientarse y tomar decisiones espaciales, a partir de particulares puntos de referencia. Los desplazamientos cotidianos entre nodos y a lo largo de rutas habituales generan el *espacio de actividad*; lo que el sujeto conoce dentro y alrededor de él configura su *espacio de conocimiento* (*awareness space*). Es ahí donde con mayor probabilidad detecta oportunidades delictivas.

El perfilado geográfico parte de que los lugares de una serie delictiva reflejan la huella del mapa mental del autor alrededor de sus puntos de anclaje, patrón del que emergen regularidades como el decaimiento con la distancia o la zona de amortiguación cerca del propio anclaje. Los distintos modelos transforman esos supuestos en una superficie de probabilidad para priorizar la búsqueda.

9.3.1.5. La hipótesis del círculo

Surge en el trabajo de Canter y Larkin (1993) sobre el *rango ambiental* de violadores en serie, junto con la distinción *marauder/*

commuter y la idea de *consistencia espacial*: los ofensores tienden a actuar en su espacio de actividad/consciencia. Afirma que, en series delictivas vinculadas, la residencia (o base) del autor suele situarse dentro del círculo más pequeño que abarca todas las ubicaciones de los delitos. En la práctica se operacionaliza a menudo con un círculo cuyo diámetro es la distancia entre los dos delitos más alejados; si el domicilio cae dentro del círculo se clasifica al autor como "*marauder*" y, si cae fuera, como "*commuter*".

El *rango ambiental* se conforma en la intersección entre el *rango de hogar* (área espacial sobre la que el sujeto posee gran familiaridad) y el *rango criminal* (área sobre la que posee conocimiento de los potenciales lugares para delinquir)

Limitaciones como su sensibilidad a la influencia de hechos aislados, patrones espaciales atípicos o series mal vinculadas hacen que su evidencia empírica sea muy variable por tipo delictivo y muestra; por lo que se recomienda su uso con cautela como estimador temprano para acotar el área de búsqueda y orientar batidas o la priorización de sospechosos, especialmente cuando aún no se dispone de modelos probabilísticos más elaborados.

9.3.1.6. Rango de movilidad (Journey to Crime)

El rango de movilidad o *journey to crime* es la distancia y ruta que recorre el autor desde su punto de anclaje (p. ej., domicilio o trabajo) hasta el lugar del delito. En términos analíticos, el JTC describe la distribución de distancias de una serie delictiva respecto al anclaje. Es el puente entre cómo se mueve el autor y dónde buscarlo: modela la distancia típica a sus objetivos para calibrar el perfil geográfico y optimizar la búsqueda del punto de anclaje. Sostiene algunas regularidades empíricas:

- *Rango crítico*: la mayoría de los criminales no se desplazan más allá de 2 kilómetros desde su residencia.
- Los desplazamientos al lugar del delito están influenciados por el fenómeno de distancia de decaimiento.

- Relación entre la edad de los criminales y su comportamiento geográfico (los de mayor edad viajan más que los jóvenes).
- Relación entre el tipo de criminalidad y el comportamiento geográfico (menor desplazamiento en crímenes violentos y mayor en delitos contra la propiedad).
- La ubicación de los barrios donde hay un alto índice de criminalidad influye sobre el patrón de desplazamientos criminal.
- Influencia de otros factores (cambios vitales, circunstanciales, experiencia...)

9.3.1.7. Patrones de desplazamiento en función de movilidad geográfica

En función de los postulados sobre los que se sustentan los distintos modelos de perfilado geográfico, sus dos mayores representantes, Canter y Rossmo, elaboraron sus tipologías de delincuentes en función de sus patrones de desplazamiento. Así, para Canter se dividen en dos tipos:

- *Merodeador* (*marauder*). Comete los delitos dentro del área que circunscribe sus hechos, de modo que su punto de anclaje suele quedar dentro del "círculo" mínimo que abarca la serie (hipótesis del círculo). Implica desplazamientos relativamente cortos y consistencia espacial con el espacio de conciencia cotidiano.
- *Viajero* (*commuter*). Se desplaza para delinquir en otra zona de oportunidad; su punto de anclaje queda fuera del clúster principal. Este patrón dificulta la predicción del anclaje con modelos estándar.

Rossmo establece dos clasificaciones con cuatro y tres tipos. Así, en función del tipo de búsqueda de víctima distingue entre:

- *Cazador (hunter).* Sale de su base y busca víctimas en su zona de confort, normalmente dentro de su ciudad o área habitual.
- *Furtivo-Pescador (poacher).* Viaja fuera de su territorio/base (u opera desde otro nodo de actividad) para localizar víctimas.
- *Oportunista (troller).* Busca oportunidades durante rutinas y actividades no relacionadas con un ánimo de búsqueda depredador.
- *Trampero* (*trapper*). Atrae a la víctima hacia un lugar bajo su control (p. ej., trabajo o domicilio) mediante posición, engaño o señuelos.

En función de sus métodos de ataque:

- *Raptor (raptor).* Ataca casi inmediatamente tras el encuentro.
- *Acosador (stalker).* Sigue/observa y espera el momento oportuno para atacar.
- *Emboscador (ambusher).* Ataca en un lugar controlado por él (p. ej., su residencia o trabajo).

Tabla 4. *Tipologías de desplazamiento y firma espacial*

Autor	Tipología	Definición de desplazamiento	Firma espacial típica
Canter	Marauder (merodeador)	Comete los delitos dentro del área que circunscribe la serie; su base se encuentra dentro del círculo que delimita el patrón delictivo.	Distancias cortas; clúster compacto; centroide útil para la estimación de la residencia.
Canter	Commuter (viajero)	Comete los delitos fuera de su área residencial habitual; su base se halla fuera del clúster de los hechos.	Distancias mayores; clúster alejado de la residencia.
Rossmo	Hunter (cazador)	Sale deliberadamente a buscar víctimas en su zona conocida.	Distancias cortas o medias; trayectos a lo largo de rutas habituales.

Rossmo	Poacher (pescador)	Viaja a otra zona o ciudad para "cazar" a sus víctimas.	Distancias medias o largas; focos en áreas de destino.
Rossmo	Troller (oportunista)	Actúa de modo oportunista durante sus rutinas cotidianas.	Puntos dispersos en las rutas de actividad diaria.
Rossmo	Trapper (trampero)	Atrae a la víctima a un lugar bajo su control.	Encuentro y ataque en espacios controlados por el autor.
Rossmo	Raptor (raptor)	Ataca de inmediato tras el encuentro con la víctima.	Encuentro y agresión en espacios públicos.
Rossmo	Stalker (acosador)	Sigue o espera pacientemente el momento idóneo para agredir.	Trayectos de seguimiento con transición a zonas menos vigiladas.
Rossmo	Ambusher (emboscador)	Tiende una emboscada en un lugar que domina.	Convergencia en nodos del autor; lugares interiores o de control propio.

9.3.2. Metodología

No existe una metodología de trabajo estandarizada dada la variedad de modelos que se sirven de los principios y presupuestos básicos expuestos para elaborar distintas aplicaciones informáticas. No obstante, veremos una aproximación genérica para todos ellos.

9.3.2.1. Recopilación y análisis de información

Es imprescindible recabar todas las localizaciones vinculadas, incluyendo la ubicación geográfica y temporal de cada hecho y los tipos de escenario en orden cronológico; todos los informes y documentación policial; perfil criminológico si lo hubiera.

Con posterioridad a la recogida se lleva a cabo un análisis, filtrado y depuración de datos; incluida la búsqueda de aquellos necesarios que estén ausentes. Para este análisis puede requerirse trabajo de campo, como visita a los escenarios, entrevistas con investigadores, etc.

9.3.2.2. Auditoría, introducción de datos y geocodificación

Una vez filtrados y depurados los datos habrá que introducirlos en el software empleado, incluyendo su geocodificación con precisión de coordenadas y proyección adecuada (métricas en metros). En esta fase es importante verificar la serie (criterios de enlace: forense, MO, proximidad espaciotemporal), la delimitación del área de estudio y la inclusión de capas auxiliares (red viaria y transporte, uso del suelo, barreras naturales, límites administrativos).

9.3.2.3. Análisis exploratorio

Definida el área de análisis, se realiza sobre la misma un análisis estadístico y matemático y diagnóstico de movilidad esperada. Se obtendrán índices de dispersión y clústeres; datos de dimensión temporal (histogramas y calendarios); aceleración/deceleración de la serie; determinación de barreras y corredores (superposición con redes viarias); así como el rango de movilidad preliminar, evaluando si hay escasez de hechos muy cercanos (indicios de zona de amortiguación).

9.3.2.4. Elección y calibración del modelo

Se obtienen los patrones de desplazamiento atendiendo a factores tales como el rango del círculo o la anisotropía: si la elipse está muy elongada, pensar en *commuting* guiado por corredores; si es radial, *marauder* es más plausible (solo como indicio, no conclusión). También se atiende a la detección y tratamiento de puntos muy alejados o con modus operandi anómalos (*outliers*), que pueden distorsionar los resultados.

9.3.2.5. Generación de mapas y cuantificación de rendimiento

En esta fase el software ofrecerá los resultados de los análisis en función de todos los parámetros establecidos y el tipo de modelo establecido, con las inferencias sobre sus resultados.

9.3.2.6. Elaboración del perfil geográfico

Informe escrito que incluye información útil para los investigadores, como el lugar de residencia del criminal, zonas de actuación, predicciones de reincidencia geográfica y temporal, y otros datos relevantes sobre su comportamiento geográfico.

9.3.2.7. Traducción táctica

El analista interpreta los resultados y los traduce en decisiones u orientaciones tácticas para la investigación: priorización de sospechosos (cruce con padrón/licencias), focalizar zonas de vigilancia y encuestas vecinales, operaciones de vigilancia y rastreo.

9.3.2.8. Iteración con nuevos eventos o correcciones de enlace

Si se obtienen nuevos datos susceptibles de análisis deben ser introducidos para recalcularlos y optimizar, corroborar o corregir resultados. Para ello puede utilizarse el método *jackknife* aplicado al perfilado geográfico, que permite evaluar la estabilidad de las superficies de probabilidad generadas: al eliminar sucesivamente un delito de la serie, se obtiene un conjunto de mapas que muestran cómo varían las predicciones según los datos incluidos o excluidos. Esto facilita representar visualmente la incertidumbre y conocer los límites de fiabilidad de la inferencia espacial.

9.3.3. Validación del perfil

Si se identifica y detiene al autor de los hechos se contrastará la precisión obtenida, obtener información para futuros análisis y detectar errores.

9.3.4. Software

Se han desarrollado diversos productos tanto licenciados como de uso libre para la realización de análisis geográficos útiles para la elaboración de perfiles, que se describen con una breve mención al tipo de análisis efectuado, el producto de salida y su validación empírica. La capacidad de cálculo que ofrecen permite contrarrestar la sobrecarga de información que el crimen serial genera, sirviendo así como estrategia de gerencia de la información.

Hay que señalar que en todos ellos sus resultados dependen en gran medida de la calidad de los datos introducidos y la habilidad del analista para interpretarlos. Algunos estudios concluyen que estudiantes universitarios con una mínima preparación han mostrado la misma eficacia que los programas informáticos de geoperfilación.

9.3.4.1. Rigel

Desarrollado por Kim Rossmo. Implementa su modelo *Criminal Geographic Targeting* (CGT) que incluye la función de decaimiento en la distancia y la zona de amortiguación para generar un área de probabilidad. Ofrece mapas de prioridad con ranking de celdas/áreas para guiar búsquedas y priorizar sospechosos. Es utilizado por algunas fuerzas policiales y está enfocado al análisis de delitos contra el patrimonio.

9.3.4.2. Dragnet-Dragnet K

Desarrollado por David Canter. Modela funciones de decadencia con la distancia y heurísticos (p. ej., hipótesis del círculo) para estimar el área del anclaje. Ofrece superficie/mapa de probabilidad y prioridades espaciales; permite explorar variantes de la función de distancia. Considerado en la metodología NIJ junto con Rigel y CrimeStat, su distribución pública ha sido limitada (se accede contactando al autor). Existe una versión denominada *iOps* (*Interactive Offender Profiling System*) que amplía sus capacidades a la priorización de sospechosos, identificación de área de residencia y vinculación de delitos y autores.

9.3.4.3. CrimeStat IV

Desarrollado por Ned Levine & Associates y financiado por el NIJ (EE. UU.), es un software libre que ofrece módulos JTC (clásico) y con modelo bayesiano, con salidas textuales y archivos GIS (SHP, MIF/MID, etc.) con superficies/zonas probables para base del ofensor. Es una aplicación SIG muy asentada y utilizada y tiene múltiples utilidades, entre las que se encuentra el análisis de recorridos criminales con la intención de determinar zona de residencia del delincuente.

9.3.4.4. Predator

Desarrollado por Maurice Godwin según un enfoque multivariante propio. Utiliza análisis por aproximación multivariante (no sólo distancias) para estimar área base. Ofrece perfiles/áreas probables; el software no es de acceso público y su validación es muy limitada por su disponibilidad restringida.

9.4 ANÁLISIS DE LA EVIDENCIA COMPORTAMENTAL (*BEHAVIORAL EVIDENCE ANALYSIS, BEA*)

Desarrollada por Brent Turvey, tiene su origen en la metodología moderna de investigación criminal basada en los hallazgos criminalísticos. Pretende un enfoque científico que sustenta sus conclusiones en hechos comprobados y comprobables del escenario del delito. Sus principales aportaciones son la reafirmación de la importancia del análisis criminalístico como base de la técnica y la aplicación del "Informe de Evaluación Mínima".

El Análisis de Evidencia Comportamental (*Behavioral Evidence Analysis*), propuesto por Brent E. Turvey, es un enfoque de perfilado criminal que prioriza el estudio deductivo y trazable del caso concreto a partir del examen e interpretación de la evidencia física forense, la victimología (historia, rutinas, riesgos y vulnerabilidades) y características de la escena del crimen para reconstruir la conducta del autor y su toma de decisiones.

Su meta es reconstruir la secuencia de eventos y derivar inferencias prudentes y verificables sobre el agresor, evitando generalizaciones tipológicas ajenas al caso. Exige estándares de práctica y de informe (documentación de supuestos, alternativas y límites); y utiliza la falsación de hipótesis y la trazabilidad como salvaguardas frente a sesgos.

El BEA aporta un marco forense-comportamental que pretende anclar las inferencias de perfilado en pruebas del caso y en una reconstrucción argumentada, con estándares explícitos de práctica y de reporte. Su valor reside en explicar el "cómo" y el "por qué" situacional del delito y en proveer inferencias operativas prudentes; su desafío, compartido con el resto de las metodologías del perfilado, es acumular evidencia empírica comparativa y someter sus productos a evaluaciones independientes y transparentes.

Como cualquiera de los otros enfoques, tampoco está exento de críticas acerca de su validez empírica, su carácter excesivamente reduccionista al guiarse únicamente por el método puramente deductivo o su excesiva dependencia de la evidencia física para poder realizar deducciones sobre el comportamiento del criminal.

9.4.1. Presupuestos básicos

Este enfoque parte de un interés central en la evidencia física como eje vertebrador del análisis. Cualquier tipo de evidencia física puede ser también una evidencia conductual en determinadas circunstancias.

Debe verse como un proceso dinámico, crítico y analítico que examina la conducta del delincuente y sus cambios a lo largo del tiempo en un esfuerzo criminológico integral, más allá del meramente clínico.

Turvey cuestiona las teorías de la homología y la consistencia del comportamiento asumidas por Canter. Indica que las generalizaciones que asumen no funcionan en casos reales, que el tiempo y los cambios no son contemplados y que no hay un respaldo empírico.

Primacía de la evidencia física y su interpretación contextual

El punto de partida es la interpretación de los hallazgos criminalísticos en el escenario del delito, y la interpretación mediante razonamiento lógico deductivo de la conducta del criminal basada exclusivamente en la evidencia física en relación con el contexto.

9.4.1.1. Principios

Turvey (2012) formula una serie de diez principios que guían su metodología. Algunos son muy similares o tomados directamente de la evidencia científica disponible (como la falibilidad de la memoria de los testigos), por lo que únicamente veremos los más representativos.

Principio de unicidad: cada individuo nace con su perfil genético y su temperamento que desarrolla durante su vida en función de la influencia de factores biológicos, ambientales y psicológicos.

Principio de separación: el analista debe ser consciente del hecho de que las víctimas y los agresores actuarán según su propia idiosincrasia; por lo que debe evitar que sus inferencias y conclusiones estén sesgadas por sus propias creencias y atribuciones. En el contexto del perfilado, un perfilador puede imbuir al delincuente y al comportamiento en la escena del crimen que está examinando con todos los sentimientos no deseados que él o ella tiene, lo que da como resultado un perfil que se refiere más al perfilador que al delincuente.

Principio de conducta dinámica: el comportamiento del agresor, incluyendo el *modus operandi*, es dinámico y puede evolucionar o involucionar a lo largo del tiempo bajo la influencia de diversos factores personales, situacionales, o de interacción con la víctima. Esto resultará en escenarios también distintos para un mismo criminal.

Principio de la motivación conductual: ningún acto se realiza sin motivación. Toda conducta tiene causas y orígenes subyacentes, que pueden ser conscientes o inconscientes. Las decisiones relacionadas con los motivos ya sean planificadas o reactivas, están fuertemente influenciadas por emociones, trastornos y enfermedades mentales, y el consumo de drogas y alcohol.

Principio de multideterminación: la conducta es compleja y multideterminada. Una determinada conducta puede obedecer a una combinación de motivos, que pueden variar de un delincuente a otro, cambiando por tanto su significado.

Principio de motivación dinámica: un delincuente puede ser capaz de tener múltiples motivos para cometer múltiples delitos, o incluso durante la comisión de un solo delito. Este principio debe impedir que se encasille a delincuentes específicos por sus delitos conocidos, que únicamente son una parte del todo.

Principio de consecuencias indeseadas: no todos los resultados de un comportamiento son intencionados. Las consecuencias no siempre se pueden prever: el juicio puede verse afectado, la percepción puede verse alterada, o influir un accidente inesperado. Por lo tanto, no debe asumirse que la escena tal y como se encontró es también tal y como se pretendía. Se debe valorar si el resultado es el que deseaba el agresor o no antes de relacionarlo directamente con su intencionalidad.

9.4.1.2. Tipos de evidencia (indicios)

Quizá una de las aportaciones más interesantes de este enfoque por su operatividad es la clasificación de los tipos de evidencia que pueden encontrarse en los escenarios criminales. Turvey distingue entre:

- *Evidencias de secuencia*: permiten establecer una cronología de la ocurrencia de distintos eventos.
- *Evidencias de dirección*: muestran dónde fue algo o de dónde vino.
- *Evidencias de localización*: muestran la ubicación o posición respecto a la escena u otro punto de referencia.
- *Evidencias de acción*: indican las conductas realizadas por criminal y víctima.
- *Evidencias de contacto*: indican la conexión o contacto entre personas, objetos o lugares.
- *Evidencias de identificación*: permiten identificar personas o instrumentos.
- *Evidencias de limitación*: señalan límites de escenarios o necesidad de buscar otras evidencias detectadas por su ausencia (deberían estar y no lo están).
- *Evidencias inferidas*: indican que falta algo en la escena presente al momento de cometerse el hecho.

- *Evidencias temporales*: orientan sobre cuándo ocurrieron los hechos.
- *Evidencias psicológicas*: indican necesidades psicológicas del delincuente.

9.4.1.3. Informe de evaluación preliminar (threshold assesment)

Es otra aportación interesante, destinada a aportar a los investigadores en un corto plazo de tiempo datos de interés basados en la evaluación inicial compilada de la evidencia disponible, para que puedan ser aprovechados desde el inicio de la investigación. Los perfiles completos suelen requerir un tiempo del que a menudo no disponen los investigadores, lo que en ocasiones les hace perder valor o interés para estos. El contenido de este informe debe incluir:

- Revisión de hechos establecidos respecto al escenario/s, victimología y conducta/s.
- Hipótesis iniciales sobre motivación y características del agresor (argumentadas)
- Sugerencias sobre nuevos datos a buscar o recoger (indicios físicos, victimología, etc.).
- Sugerencias sobre estrategias de investigación

9.4.2. Metodología

Este enfoque desarrolla su metodología en tres fases a partir de cuyos resultados pueden determinarse los patrones de conducta del agresor y en consecuencia deducir sus características y, si es oportuno, la vinculación entre distintos hechos entre sí y/o un mismo autor. Una vez finalizado el análisis debe presentarse en un informe escrito completo y a la vez comprensible.

9.4.2.1. Análisis forense

Se centra en el examen y comprobación de los hallazgos criminalísticos disponibles, determinando su fiabilidad y calidad, así como la posible presencia de artefactos o *dinámica de las pruebas* (*evidence dynamics*) para referirse a cualquier influencia que añada, modifique, reubique, oculte, contamine u borre las pruebas físicas, independientemente de la intención. Los artefactos pueden estar presentes antes, durante y después del delito, y no dejan de afectar a las pruebas a lo largo de su vida, hasta que han sido completamente destruidas. Por lo tanto, la apreciación de la dinámica de las pruebas es un requisito fundamental a tener en cuenta para la evaluación e interpretación de los vestigios e indicios.

Debe evaluarse tanto la evidencia presente como la ausente y aquella susceptible de ser malinterpretada, para depurar aquella con valor para el proceso de análisis.

9.4.2.2. Análisis victimológico

Debe realizarse un exhaustivo perfil de la víctima incluyendo la reconstrucción de sus movimientos los últimos días u horas, un análisis de riesgo que permita clasificar su tipología en función de este (riesgo como rasgo: grado de exposición habitual por su estilo de vida; riesgo como estado: grado de exposición puntual en el momento del ataque), también el análisis de riesgo asumido por el agresor, y un análisis relacional víctima/agresor (en especial la posible existencia de algún vínculo previo entre ellos).

9.4.2.3. Análisis de la escena del crimen

Debe identificarse el tipo de localización de la escena (de interior, exterior, acuática...); el tipo de escena (primaria, intermedia, secundaria, final); el análisis de la dinámica delictiva (incluyendo método de aproximación, ataque, control, actos de precaución o escenificación).

En esta fase se realiza también la reconstrucción del hecho, que debe ser realizada por un analista experto en ciencia forense y guiarse por los principios de *coherencia y respaldo* con las pruebas físicas y las circunstancias conocidas (para describir resultados que favorecen una teoría o explicación concreta de los hechos); *inconsistencia o refutado* con las pruebas físicas y las circunstancias conocidas (para describir resultados que muestran que la teoría o explicación concreta de los hechos no se ajusta a los hechos); y *no concluyente, no refutado/no eliminado* por las pruebas físicas y las circunstancias conocidas (para abordar alternativas que siguen sin probarse o exámenes que dan lugar a resultados no concluyentes).

Para la reconstrucción se utiliza la clasificación de evidencias antes señaladas.

9.4.2.4. Características del agresor

Con los datos obtenidos en las fases anteriores el analista está en disposición de reconocer y evaluar patrones de conducta del agresor y aspectos tales como su técnica criminal; su conocimiento de la víctima; conocimiento del escenario del delito; conocimiento de métodos y materiales para llevarlo a cabo; posesión de antecedentes o experiencia criminal previa.

9.4.2.5. Análisis de vinculación

Si hay suficientes elementos de análisis, puede llevarse a cabo un análisis de vinculación (proceso de determinar si existen conexiones discretas o factores de comportamiento distintivos entre dos o más casos previamente no relacionados mediante el análisis de la escena del crimen). Implica establecer y comparar las pruebas físicas, la victimología, las características de la escena del crimen, la motivación, el *modus operandi* (MO) y los comportamientos característicos de cada uno de los casos objeto de examen; así como las similitudes y diferencias de comportamiento. Son útiles en este proceso cuestiones como el modus operandi y las conductas de firma.

Turvey distingue entre:

Diferencia de comportamiento: los factores de comportamiento analizados son diferentes. Debe tenerse en cuenta que la existencia de factores de comportamiento diferentes entre los delitos no refuta necesariamente una relación.

Vínculo investigativo: conexión general entre uno o más casos en términos de similitudes generales en modus operandi o comportamientos característicos. No es concluyente y requiere una investigación más profunda, pero puede ser útil para la asignación de recursos policiales.

Similitud en el comportamiento: cuando se han comparado factores de comportamiento y estos son similares, pero no únicos.

Vínculo probatorio: se reconoce cuando aparece una pauta conductual idiosincrásica (la firma del autor) que se reitera en dos o más hechos, con variaciones mínimas entre ellos. Esa repetición configura un vínculo suficientemente distintivo como para sostener que un mismo sujeto es el responsable. Al valorar si existe una firma única entre varios delitos, también cuentan las discrepancias: si se observan diferencias conductuales sustanciales que no pueden explicarse por la evolución o regresión del modus operandi, no puede establecerse un vínculo probatorio en la conclusión de la vinculación de casos.

Debe tenerse en cuenta que las evidencias físicas (como el ADN o las huellas dactilares) también pueden aportar un nexo probatorio y ser de utilidad para robustecer las conclusiones.

9.4.3. Elaboración del informe

El informe que se elabore debe ser completo, con rigor técnico, manejable y útil. En este sentido destaca la necesidad de que sea escrito en un lenguaje comprensible y adaptado al destinario (bien sean los investigadores policiales o las autoridades judiciales si se tratara de un informe que puede terminar incluido en un proceso penal).

También requiere que sea verificable por otros investigadores a través de la trazabilidad de sus conclusiones (qué datos sostienen cada inferencia, qué supuestos se adoptan, qué alternativas se han descartado y con qué grado de confianza). En términos prácticos, es una reconstrucción argumentada de la conducta del agresor en ese caso, más que una lista de rasgos estáticos extrapolados de tipologías poblacionales.

9.5. EL CRIME ACTION PROFILING DE KOCSIS

El *Crime Action Profiling* (CAP) es una metodología de perfilado desarrollada por Richard N. Kocsis que construye modelos empíricos por tipo de delito (violencia sexual, homicidio sexual y incendios en serie) a partir de conductas observables en la escena (*crime actions*) de casos resueltos. Para ello emplea técnicas multivariantes (especialmente escalamiento multidimensional y análisis de conglomerados) para identificar patrones conductuales y asociarlos estadísticamente con características del autor; después, traduce esos hallazgos en herramientas operativas para la investigación (tablas/guías de interpretación). Kocsis formuló su método como alternativa a otros enfoques según él poco validados, apostando por modelos derivados de muestras reales y reportados con método y trazabilidad. Supone, así, un intento de formalizar y transparentar el perfilado mediante datos y procedimientos replicables.

Las críticas a este enfoque se han centrado en la metodología de los estudios de validación efectuados por Kocsis (tamaño muestral, diseño de tareas, validez ecológica); su dependencia de casos resueltos, que puede producir sesgos de muestreo y dificultades para su extrapolación a contextos distintos para los que está diseñado.

9.5.1. Presupuestos básicos

Según Kocsis, el CAP representa un enfoque que esencialmente considera el perfilado como una técnica psicológica que tiene sus fundamentos en el conocimiento disciplinario de la psicología forense, por lo que asume el conocimiento de aspectos del comportamiento humano y la psicología como la dinámica de la personalidad y la psicopatología. Así, Las investigaciones en torno a su metodología han abarcado, por un lado, los patrones conductuales propios de los delitos violentos (en un paralelismo con el estudio de los trastornos mentales en psicología) y, por otro, la arquitectura, los procedimientos, la exactitud y las competencias implicadas en construir perfiles, de forma semejante a la práctica clínica psicológica. Este doble foco constituye un rasgo distintivo del CAP: a diferencia de otros enfoques de perfilación que se han concentrado sobre todo en tipologías de delincuentes, el CAP no deja de lado las cuestiones prácticas relativas a cómo se elabora un perfil en la realidad.

Dado que los modelos CAP se construyen a partir de muestras de homicidios sexuales, violaciones en serie e incendios seriales, ofrecen un marco para detectar las regularidades conductuales propias de cada modalidad delictiva. En consecuencia, la labor de perfilación consiste, ante todo, en identificar las variables de comportamiento presentes en el caso bajo análisis y contrastar esas variables con las recogidas en el modelo CAP pertinente. Para ello se requiere pericia: captar los matices de la conducta y estimar la probabilidad de las características asociadas, siempre a la luz de las circunstancias específicas del caso.

9.5.1.1. Especificidad por delito

Este enfoque se centra en tres tipologías delictivas para las que su autor considera adecuado su uso, estableciendo a partir de sus estudios diferentes categorías y patrones de conducta: la violación en serie, el homicidio sexual y el incendio en serie; evitando generalizaciones entre tipos con etiologías y ecologías diferentes.

Cada modelo de comportamiento es solamente aplicable a su tipo específico de delito, y no debe aplicarse a otro. Cada modelo consta de cuatro diagramas generados por el análisis estadístico multivariante.

9.5.1.2. Base empírica y estadísticas multivariantes

Se fundamenta en la utilización de técnicas estadísticas multivariantes como el escalamiento multidimensional y el análisis de clústeres para derivar configuraciones latentes de conducta que posteriormente son asociadas con variables del agresor (edad, relación con la víctima, etc.).

Utiliza el análisis multivariante por su capacidad para analizar simultáneamente relaciones entre numerosas variables y presentar sus resultados mediante diagramas. Esta técnica analiza y permite la identificación de patrones en los comportamientos delictivos estudiados.

9.5.1.3. Primacía de la conducta observable

Parte de acciones del delito, no de inferencias clínicas iniciales, para estructurar el patrón y solo después vincularlo a atributos del agresor; obviando las posibles motivaciones, que considera podrían ser simples inferencias.

9.5.1.4. Modelos de comportamiento

En base a sus estudios, Kocsis distingue entre tres modelos de comportamiento con sus propias tipologías:

9.5.1.4.1. Violaciones en serie

Identifica un clúster central que agrupa conductas comunes a todos los delitos de agresión sexual y cuatro patrones periféricos, cada uno con asociaciones a rasgos del autor, y proporciona una matriz conductas–atributos para la inferencia.

- *Patrón ritual (ritual)*: refleja una puesta en escena ritualizada de corte parafílico, estrechamente asociada al sadismo sexual. La premeditación se evidencia en conductas como atar, amordazar, vendar los ojos e incluso torturar a la víctima. Destaca la conexión sistemática entre tortura, fetichismo y coerción durante el acto sexual; de hecho, el sadismo constituye el núcleo del patrón. También es característica la recolección de "trofeos" o recuerdos del hecho. En términos victimológicos, predominan varones como víctimas y no es raro que los delitos sean cometidos por varios agresores.

- *Patrón de relaciones sexuales (intercourse)*: es una modalidad poco violenta, casi pasiva, de agresión. En este patrón, la finalidad principal es mantener relaciones sexuales con la víctima; la violencia no constituye un componente esencial del ataque. La fuerza empleada es la mínima imprescindible para asegurar la sumisión. De este modo, el agresor suele dialogar y amenazar para obtener el control y, a continuación, consumar el acto sexual.

- *Patrón de brutalidad (brutality)*: describe un conjunto de conductas marcado por una descarga súbita de ira en el contexto de una agresión sexual. Suele implicar que el agresor engaña a la víctima para acercarla y, de forma abrupta, inicia el ataque con una escalada de violencia. La violencia física antecede a cualquier contacto sexual; por ello, la finalidad inmediata no es provocar dolor o simplemente forzar la sumisión para mantener relaciones, sino humillar e imponer un control absoluto sobre la víctima.

- *Patrón caótico (chaotic)*: denota cierta inestabilidad mental asociada con la agresión sexual. Se distingue por un estilo impulsivo y violento. El autor lleva a cabo agresiones severas, potencialmente letales y crueles, pero el conjunto no revela un propósito coordinado: no hay una inducción sádica y sistemática del sufrimiento ni una descarga explosiva de violencia. La intervención sexual es superficial, limitada sobre todo a manipulaciones externas (caricias, penetración digital). En definitiva, el contacto sexual parece oportunista, más que el resultado de una intencionalidad premeditada.

9.5.1.4.2. Homicidio sexual

Muestra un modelo de cinco clústeres, un núcleo común, que representa conductas comunes a todos los homicidios sexuales; y cuatro patrones periféricos de los que se extraen características útiles para un perfil del agresor.

- *Patrón depredador (predator):* muestra una elevada planificación, relacionada con las fantasías previas evidenciadas en la parafernalia mostrada durante el crimen, con conductas muy violentas como torturas, múltiples heridas, daños y vejaciones sobre la víctima.
- *Patrón furioso (fury):* de comportamiento explosivo y desorganizado, muestra mucha ira hacia la víctima manifestada en los numerosos daños y heridas que presenta la víctima, especialmente en su cara y ropa. La mayor parte de la violencia se ejerce antes de la agresión sexual.
- *Patrón de perversión (perversión):* surge de una combinación singular de factores. Casi todas las conductas observadas se vinculan a prácticas parafílicas extremas; sin embargo, en contraste con esa perversidad, los agresores suelen hablar con la víctima y tranquilizarla, lo que puede explicarse porque las víctimas tienden a ser jóvenes y varones, mientras que los autores suelen ser de mayor edad y con orientación bisexual u homosexual. Este emparejamiento sugiere con frecuencia agresiones de carácter pedófilo que culminan en el homicidio de la víctima. El motivo último de esa muerte es discutido. Aunque, comparado con otros patrones, aquí la violencia manifiesta es menor, las conductas están planificadas, lo que indica que el asesinato constituye una

meta intencional del ataque. Dado su parecido con el patrón depredador, parece que el ritualismo forma parte del delito.

- *Patrón de violación (rape):* describe a un agresor cuyo objetivo principal es consumar el acto sexual, utilizando solo la coerción imprescindible para hacerlo. Así, amenaza a la víctima para obtener obediencia y aplica fuerza únicamente para afianzar el control, por lo general de baja intensidad, con lesiones limitadas. No hay indicios de disfunción sexual: se produce penetración y suele detectarse semen. En conjunto, el patrón se asemeja a una agresión sexual que culmina en homicidio; incluso cabe plantear si la muerte era intención inicial del agresor o una consecuencia sobrevenida del ataque.

9.5.1.4.3. Incendio serial

En los escenarios de incendios provocados en serie, las conductas observables se estructuran en un núcleo central compuesto por un amplio repertorio de acciones comunes que ofrecen una descripción de base de los rasgos característicos presentes en todos los patrones de incendios en serie; rodeado por cuatro patrones periféricos. Cada uno de esos patrones periféricos constituye un estilo estable y diferenciado de ejecución del ataque incendiario. La relevancia de los comportamientos ubicados en el grupo común comporta implicaciones teóricas notables: la frecuente presencia de planificación y de evidencia material en la mayoría de los casos cuestiona el supuesto básico de la dicotomía tradicional "organizado vs. desorganizado". Dicha dicotomía se apoya en una separación categórica de las conductas según el grado de sofisticación del delito; sin embargo, la constatación de planificación apunta, precisamente, a rasgos de organización.

- *Patrón de emoción* (*thrill*): de naturaleza esporádica que sugiere ataques a múltiples objetivos. Puede mostrar comportamientos bastante sofisticados y premeditados, como el uso de recursos para iniciar un incendio, como acelerantes de la combustión. El objetivo predominante en este patrón es algún tipo de matorral, bosque o vegetación, y se caracterizan por una cierta movilidad y patrón estacional (más actividad en primavera y verano). Está muy relacionado con la búsqueda de excitación o entretenimiento (fascinación recreativa por el fuego).

- *Patrón de ira (anger)*: el patrón de ira implica la expresión a través del incendio de animosidad o rabia, predominantemente hacia propiedades residenciales o vehículos motorizados. La violencia del delito está asociada con expresar o infligir daño personalizado; y suele encontrar una mayor expresión en la destrucción física de artículos domésticos, además de los daños posteriores causados por el incendio.
- *Patrón de resentimiento (resentment)*: su eje parece ser una hostilidad amplia y difusa dirigida contra un conjunto impreciso de blancos. En la práctica, se traduce sobre todo en ataques a templos o centros de enseñanza (escuelas y universidades) y a inmuebles de carácter comercial o empresarial. Suele observarse que el autor inicia el fuego en objetos o áreas concretas del lugar, cuya destrucción tiene un significado particular para él. Quienes se ajustan a este patrón presentan con frecuencia antecedentes penales y acostumbran a actuar durante los fines de semana.
- *Patrón sexual (sexual)*: describe una modalidad en la que el autor asocia el uso del fuego con la excitación y/o la gratificación sexual. Su rasgo más distintivo es la constatación de actividad sexual por parte del agresor en la escena o en sus inmediaciones. Los objetivos habituales son instalaciones públicas de fácil acceso, como contenedores, buzones, aseos públicos u otros equipamientos abiertos al público. Se trata de incidentes de alcance reducido que rara vez derivan en incendios mayores con daños graves. Desde el punto de vista conductual, es el patrón que muestra menor sofisticación.

9.5.2. Metodología

Se caracteriza por la aplicación de modelos de comportamientos delictivos y características asociadas a los delincuentes basados en sus estudios. Esta aplicación puede utilizarse de una forma básica, más práctica, orientada a analistas no expertos en técnicas estadísticas y sin una comprensión detallada de las metodologías inherente al desarrollo de estos modelos; o más compleja, de un modo teórico que principalmente se centra en la comprensión del desarrollo metodológico de los modelos, el discernimiento de los grupos de comportamiento y la relevancia que tienen con las taxonomías propuestas de delincuentes violentos en serie.

De modo sintético, la metodología sigue cuatro fases:

9.5.2.1. Muestreo y codificación

Selección de casos resueltos y codificación estandarizada de acciones del delito y rasgos contextuales.

9.5.2.2. Descubrimiento de patrones

Aplicación de escalamiento multidimensional (MDS) para representar proximidades entre conductas y detectar núcleos comunes y subestilos (clústeres) diferenciados.

9.5.2.3. Vinculación conducta–autor

Análisis de asociaciones entre cada patrón y características del agresor (p. ej., edad, historial, relación con la víctima), generando tablas/guías para inferencia en casos nuevos del mismo tipo delictivo.

9.5.2.4. Operacionalización

Traducción de los modelos en procedimientos interpretativos y formatos de informe (qué indicios sostienen cada inferencia, márgenes de incertidumbre y límites), con orientaciones específicas por delito.

9.6. PERFILADO DE DELINCUENTES BASADO EN LA EVIDENCIA (*EVIDENCE-BASED OFFENDER PROFILING*)

El enfoque *Evidence-Based Offender Profiling* (EBOP), o perfilado de delincuentes basado en la evidencia se define como un método sistemático de perfilación que integra los mejores datos científicos disponibles, procedimientos estadísticos y evaluación constante de resultados (Fox et al., 2020).

Sus creadores, Bryanna Fox y David P. Farrington, estiman que los perfiles basados en EBOP podrían contribuir a esclarecer cerca de tres veces más delitos que las investigaciones policiales convencionales, lo que representa una ventaja considerable tanto para la prevención de nuevos hechos delictivos como para la reducción de los costes operativos de los cuerpos de seguridad.

No obstante, los autores subrayan que el enfoque EBOP requiere una investigación mucho más amplia. Por ejemplo, resulta esencial reproducir los perfiles en distintos contextos geográficos, culturales, marcos temporales y modelos de aplicación de la ley; y el uso de experimentos aleatorios para establecer una relación causal entre la utilización de los perfiles y las tasas de detención, además de precisar en qué circunstancias y tipos de casos estos perfiles favorecen un mayor número de arrestos. Tales estudios aportarían evidencia adicional sobre la exactitud de las inferencias y orientarían mejoras metodológicas que incrementen su utilidad para la labor policial y la resolución de investigaciones en curso.

9.6.1. Presupuestos básicos

El EBOP se asienta en la idea de que la perfilación criminal solo puede considerarse científicamente válida si se apoya en datos contrastados, métodos reproducibles, teorías criminológicas sólidas y una evaluación rigurosa de su utilidad y de sus riesgos éticos. Estos presupuestos básicos lo diferencian de las aproximaciones tradicionales, basadas principalmente en la experiencia clínica o en la intuición investigadora.

9.6.1.1. Objetivos

Los propósitos centrales del EBOP son: organizar los delitos en categorías, agrupar a los delincuentes en tipologías e identificar patrones estadísticos que vinculen ambas clasificaciones, de forma que las características de un autor puedan inferirse a partir de los rasgos de delitos aún no esclarecidos. Este enfoque permite a las fuerzas policiales acotar el conjunto de posibles sospechosos.

9.6.1.2. Uso de grandes conjuntos de datos y análisis estadísticos avanzados

El EBOP propone emplear procedimientos de clasificación estadística basados en datos objetivos, como el análisis de clases latentes (LCA) y otros métodos analíticos de tipo «centrado en la persona», que utilizan criterios cuantificables de ajuste y probabilidades condicionales de los ítems. Estas herramientas permiten determinar con precisión cuántos subtipos existen, describir su composición y asignar cada caso al subtipo que corresponda según su patrón específico (Fox y Farrington, 2012). El LCA se considera especialmente adecuado para el EBOP porque reduce de manera significativa la subjetividad en la elaboración de perfiles y satisface los requisitos de una técnica de clasificación estadística rigurosa, ofreciendo además claras ventajas frente a otros métodos de clasificación empleados en la literatura sobre perfilado de delincuentes.

9.6.1.3. Énfasis en validez ecológica

Uno de los propósitos del EBOP consiste en verificar, mediante evaluaciones experimentales aplicadas en contextos reales, la eficacia de los perfiles fundamentados en evidencia dentro de investigaciones policiales activas. A diferencia de los estudios anteriores sobre evaluación de perfiles de delincuentes, que se basaban en diseños menos rigurosos y con menor validez interna y externa, la investigación experimental de campo posibilita valorar con mayor exactitud el efecto que tienen estos perfiles cuando son empleados por las fuerzas de seguridad en casos en curso.

9.6.2. Metodología

Este enfoque basa su metodología en análisis estadísticos avanzados que necesitan grandes volúmenes de datos, por lo que su aplicación parece estar más enfocada a la obtención de perfiles genéricos que individualizados.

9.6.2.1. Identificación de subtipos de delitos y delincuentes

Mediante aplicación de la técnica de análisis de clases latentes, se identifican subtipos ocultos a partir de variables observables mediante comparación de diferentes soluciones de clases. Se elige el modelo más parsimonioso y con mejor ajuste según criterios estadísticos objetivos, garantizando que la clasificación de los casos sea lo más fiable y precisa posible.

9.6.2.2. Asignación de subtipos y casos

Tras fijar el número de clases en el LCA, se interpretan y describen las clases latentes mediante las probabilidades condicionales. Luego se asigna cada caso a su subtipo de delito y delincuente, y se evalúa estadísticamente la relación entre ambos para construir perfiles delito–delincuente basados en evidencia.

9.6.2.3. Replicación y validación de los perfiles obtenidos

Una vez creado el perfil, el EBOP requiere replicarlo en distintos contextos y evaluar experimentalmente su impacto en la resolución de casos, para asegurar su validez, detectar variaciones geográficas y comprender mejor los patrones de comportamiento delictivo.

9.6.2.4. Aplicación en casos reales

Finalmente, el modelo EBOP recomienda aplicar los perfiles estadísticos en investigaciones reales y evaluar su impacto, ya que ello permite medir su utilidad práctica en el trabajo policial y no solo en el ámbito académico. Para valorar de forma fiable el efecto de una intervención, el enfoque más sólido es el diseño experimental, y dentro de él los ensayos controlados aleatorizados (RCT) constituyen el estándar de oro, pues la asignación aleatoria posibilita establecer una causalidad real, es decir, confirmar que el uso del perfil es la causa del cambio en los resultados (Farrington & Welsh, 2006).

9.7. LA INVESTIGACIÓN PSICOLÓGICA DEL DELITO: EL MÉTODO VERA

Desarrollado por el psicólogo y Policía Nacional Juan Enrique Soto, su enfoque se centra en la elaboración de hipótesis partiendo del análisis de la evidencia conductual inferida del hecho investigado y sustentada si procede por los indicios físicos existentes. Sus principales aportaciones son un método de trabajo homogéneo, replicable y ajustado al método científico y su aplicabilidad a casos únicos en el contexto español.

Metodología de perfilado psicológico de agresor desconocido basada en análisis de caso único (método abductivo), mediante la utilización exclusiva de toda la información disponible del mismo. No pretende generar hipótesis, teorías o modelos generales, sino analizar desde el punto de vista conductual el caso delictivo concreto.

En palabras de su autor (Soto, 2014), ha sido diseñado teniendo en cuenta una base teórica sólida relativa a los diferentes métodos de perfilado que se utilizan actualmente, de los que pretende adoptar lo mejor y perfeccionar lo mejorable con el objetivo de elaborar un método que sea a la vez riguroso, efectivo y fácil de aplicar.

Puede aplicarse en aquellos delitos violentos de carácter grave (homicidio, agresión sexual, secuestro, atraco) o desapariciones de alto riesgo; en los que hay un fuerte componente conductual e interacción entre víctima y agresor. También es apto para el análisis de casos seriales, siempre considerando que el análisis de cada caso es individual y exhaustivo.

9.7.1. Presupuestos básicos

Este enfoque adopta principios comunes con otros métodos, por lo que únicamente señalaremos algunos más característicos o genuinos.

9.7.1.1. Evidencia psicológica o conductual

Cualquier acto u omisión indicativo de un patrón de conductas del autor del delito puede considerarse una evidencia conductual, al tratarse de vestigios psicológicos que quedan reflejados en el modo en que el agresor cometió sus delitos. Las evidencias conductuales deberían ser consideradas inmediatamente al inicio de cada investigación, del mismo modo que las físicas, puesto que son complementarias. Pueden clasificarse en función de sus finalidades en:

Evidencias conductuales orientadas a satisfacer fantasías o motivaciones personales:

- *Generales*: surgen de la interacción con la víctima y permiten identificar qué aspectos tienen un valor simbólico o especial para el agresor.
- *Sexuales*: abarcan conductas de carácter sexual, el orden en que se realizaron, la presencia o ausencia de eyaculación, entre otros, lo que posibilita deducir qué prácticas sexuales resultan más significativas y de qué manera para el autor.
- *Físicas:* incluyen las lesiones infligidas a la víctima, la intensidad de la fuerza utilizada, la reacción del agresor ante la resistencia de la víctima, así como situaciones de cautiverio y el tipo de interacción mantenida durante este.

Evidencias conductuales orientadas a la ejecución exitosa del delito:

- *Localización*: comprende los métodos de acceso, el recorrido realizado por el delincuente, la vía de escape, los factores temporales del suceso, la naturaleza de la escena (edificio, espacio abierto, vehículo, etc.), la secuencia de los acontecimientos, el nivel de riesgo tanto para la víctima como para el agresor, y los objetos tomados o abandonados en el lugar.
- *Transporte*: hace referencia al uso de vehículos u otros medios de desplazamiento, las rutas escogidas y las distancias cubiertas.
- *Control de la víctima*: incluye el tipo de ataque efectuado, las armas empleadas, la utilización de disfraces y las medidas de precaución adoptadas.

9.7.1.2. Análisis de caso único

Se parte de la premisa de que cada delito posee características particulares, requiere inferencias específicas y conduce a hipótesis propias. Todo caso es irrepetible y se define por sus elementos concretos. Las conclusiones se extraen únicamente de los datos disponibles, lo que permite reducir al mínimo la especulación.

9.7.1.3. Áreas de análisis

El método se fundamenta en el análisis de cuatro áreas, cuyo acrónimo da nombre al método:

9.7.1.3.1. Víctima

Abarca toda la información que permita individualizar a la víctima y comprender las razones por las que fue seleccionada. El objetivo es identificar qué características personales, contextuales o situacionales la convirtieron en el blanco de la acción delictiva: incluye el estudio del patrón de las heridas y en su caso la realización de una autopsia psicológica.

9.7.1.3.2. Escena

Hace referencia al examen espaciotemporal de todos los lugares vinculados de algún modo al delito investigado. Se consideran las distintas escenas que pueden coexistir en un mismo episodio criminal: el sitio donde el agresor aborda a la víctima, el lugar en que se consuma el hecho, el método de abordaje y control el espacio de abandono, así como eventuales escenarios intermedios que conectan unos con otros. El análisis busca explicar qué factores de tiempo y espacio definen dichos lugares y justifican su selección por parte del autor.

9.7.1.3.3. Reconstrucción

Consiste en reconstruir el *iter criminis* para determinar cómo ocurrieron los hechos. Es fundamental la información aportada por testigos o víctimas y los vestigios físicos. Implica ordenar cronológicamente las interacciones entre autor y víctima, a modo de relato. En este eje analítico adquieren relevancia nociones como el *modus operandi*, el ritual, la escenificación y el sello personal, todos ellos elementos esenciales para interpretar la conducta criminal desde una perspectiva psicológica. En función de los datos disponibles la reconstrucción puede ser parcial, toda vez que es habitual la ausencia de datos fundamentales para obtener una imagen completa de lo ocurrido.

9.7.1.3.4. Autor

Se centra en reunir la mayor cantidad posible de información sobre el perpetrador, describiéndolo tanto desde el plano físico como conductual. Aquí también es importante la información aportada por víctima y posibles testigos.

9.7.1.4. Sello personal

Para Soto, se compone del *modus operandi*, los rituales y las conductas de escenificación si fueran destinadas a una satisfacción psicológica o desempeñan un papel concreto en sus intenciones. Estos componentes del sello personal deben considerarse e interpretarse en su conjunto y en su contexto; pues todas estas conductas están interrelacionadas entre sí y son antecedentes y consecuentes unas de otras.

9.7.1.5. Técnica del Impacto Emocional de Sucesos

Aunque no puede considerarse un principio ni un presupuesto del método, se trata de una técnica de investigación novedosa y complementaria. Su fundamento radica en el papel que desempeñan las emociones en los procesos de decisión. La técnica del Impacto Emocional de Sucesos parte de la idea de que, cuando la presión emocional alcanza su punto más alto, el individuo se ve impulsado a actuar con el fin de restablecer un equilibrio emocional óptimo. Si la información disponible permite ubicar ese instante de máxima carga emocional, es posible formular la hipótesis de que en dicho momento se tomó la decisión de ejecutar el delito objeto de análisis.

Se trata de un procedimiento de carácter especulativo, en la medida en que el analista debe inferir y clasificar el impacto emocional de los distintos acontecimientos que conforman la cronología vital. De este modo, se relacionan los niveles emocionales generados por sucesos significativos con las decisiones que desembocan en la comisión de un delito, lo que facilita la elaboración de hipótesis acerca del momento y las condiciones en que dicha decisión fue adoptada.

La técnica resulta aplicable en investigaciones en las que ya existe un sospechoso identificado y se dispone de indicios de que el hecho delictivo fue planificado con antelación. En tales casos, el intervalo temporal entre la ideación y la ejecución permite analizar el proceso de decisión.

Su valor práctico radica en la posibilidad de delimitar el punto en el que el sujeto comenzó a llevar a cabo conductas orientadas a la perpetración del delito, tanto de carácter preparatorio como consumativo. Ello proporciona a los investigadores un marco temporal definido desde el cual rastrear tales conductas, abriendo nuevas líneas de indagación y permitiendo la obtención de indicios objetivos adicionales sobre la autoría.

9.7.2. Metodología

Se basa en el análisis combinado de la víctima, la escena, la reconstrucción del hecho y el autor, siguiendo un proceso lógico: detección y obtención de datos, realización de inferencias (identificando con claridad su origen) y elaboración de hipótesis.

La metodología del método VERA se estructura en cuatro fases claramente definidas:

9.7.2.1. Recopilación de datos

Deben recogerse todos los datos posibles sobre el hecho investigado, de modo aséptico (libre de valoraciones) para evitar contaminaciones cognitivas en el analista. Incluye datos de la víctima, la escena del delito, evidencias físicas y psicológicas, informes policiales y periciales y todo dato relevante.

A continuación, se procede a la codificación de los datos mediante la asignación de la letra D (inicial de la palabra dato), y las iniciales V, E, R o A, en función de que sea un dato referido a la víctima, a la escena, a la reconstrucción o al autor, respectivamente; seguida de un número ordinal, que permita su rápida identificación y localización. Los datos codificados se insertan en tablas para cada una de las áreas de análisis.

9.7.2.2. *Realización de inferencias*

La segunda fase del método se centra en la elaboración de inferencias lógicas que pueden originarse tanto de un único dato como de la combinación de varios. Si bien cada elemento debe ser evaluado de forma aislada, el análisis requiere considerar al mismo tiempo el conjunto de la información disponible, evitando así construir inferencias sustentadas en datos que resulten contradictorios entre sí.

Cada inferencia se identifica mediante la letra I, de inferencia, acompañada de las iniciales V, E, R o A, en función de si se refiere a la víctima, la escena, la reconstrucción o el autor. Posteriormente, se asigna un número ordinal y se añaden los códigos de los datos que le sirven de fundamento, lo que permite individualizar cada inferencia y garantizar su trazabilidad hasta los elementos originales. De manera semejante a la fase anterior, los datos codificados se organizan en tablas específicas para cada área de análisis.

9.7.2.3. Elaboración de hipótesis

Las hipótesis se formularán a partir de las inferencias obtenidas. Cada una se codificará de manera que sea posible reconocer de qué inferencias deriva, empleando la letra H, inicial de *hipótesis*, seguida de un número ordinal y del código correspondiente a la inferencia o inferencias que la originan. Cada hipótesis quedará registrada en una celda de la tabla junto con la referencia a su procedencia.

9.7.2.4. Elaboración del perfil y sugerencias operativas

Se plasma en un informe para su entrega a los investigadores, que debe incluir recomendaciones operativas para la investigación de carácter práctico, concreto y aplicable. Las conclusiones del informe se aplican al momento en que es elaborado y entregado, debiendo informar a los investigadores que la aparición de nuevos datos puede invalidarlas, por lo que es un proceso en constante revisión.

Una aportación interesante es la necesidad de trabajar en equipo para mitigar el efecto de los sesgos cognitivos. Así, el material del caso se entrega a dos o más analistas que confeccionarán las distintas tablas de datos individualmente. A la finalización de cada codificación de datos se realiza una puesta en común para depurar datos y corregir posibles omisiones. Las conclusiones obtenidas son consensuadas y se elaboran las sugerencias operativas, se redacta el informe y se entrega.

9.8. EL SISTEMA ECLÉCTICO DE PERFILADO CRIMINAL (SEPEC)

Metodología desarrollada por la Unidad de Análisis de la Conducta Delictiva de la Guardia Civil, se sirve de un enfoque multidisciplinar apoyado en las otras metodologías mencionadas. Sus hitos más destacables son la gran flexibilidad en la aplicación de distintas técnicas, y el desarrollo de la técnica de perfilado indirecto de la personalidad.

El Sistema Ecléctico de Perfilado Criminal (SEPEC) es un modelo integrador desarrollado en España por la Sección de Análisis del Comportamiento Delictivo (SACD) de la Guardia Civil. Parte de la premisa de que la oposición entre enfoques deductivos e inductivos es estéril para la práctica policial, y propone un protocolo que combina la recogida y análisis sistemático de información, la inferencia deductiva basada en evidencias conductuales, el respaldo empírico mediante hallazgos inductivos, y el perfilado indirecto de la personalidad para la interacción operativa con sujetos identificados.

Este enfoque integrador se articula en torno a otros modelos de perfilado consolidados y sus propias aportaciones, como el perfilado indirecto sustentado en el modelo ENCUIST.

9.8.1. Presupuestos básicos

Este enfoque se identifica con el modelo utilizado en el modelo británico del BIA (*Behavioral Investigative Adviser*), analistas de conducta certificados de los cuerpos policiales con experiencia en investigación criminal que asesoran en las investigaciones mediante un método riguroso basado en el denominado "*modelo argumentativo de Tulvin*", propuesta que permite descomponer los argumentos en partes que muestran cómo se pasa de evidencias a conclusiones, aclarando su solidez, sus límites y el contexto de su validez.

Utiliza por tanto un método basado en la evidencia y respaldado por una continua colaboración con instituciones académicas.

9.8.1.1. Integración de metodologías

Se trata de un enfoque multidisciplinar que busca aplicar con precisión los distintos métodos de perfilado más validado. Para evitar el riesgo de una mala aplicación ecléctica exige un orden metodológico: primero el dato del caso, luego la lógica deductiva y, cuando aplique, el contraste empírico.

Integra tres enfoques metodológicos a los que añade uno propio:

- El *enfoque deductivo basado en evidencias de conducta* (BEA) para efectuar deducciones sobre el autor a partir la evidencia conductual.
- El *enfoque inductivo* de Canter (IP) y Kocsis (ACP) para buscar el apoyo empírico a las características inferidas.
- El *perfilado deductivo* del FBI para la recogida y análisis de información.
- El *perfilado indirecto de personalidad* para interacción operativa: cuando el sujeto de interés está identificado, se perfilan rasgos relevantes para la entrevista, negociación o manejo del caso.

9.8.1.2. Versatilidad

La realización de perfiles criminológicos es una de las áreas de intervención, pero también puede utilizarse para la aplicación de técnicas de entrevista e interrogatorio; autopsias psicológicas; valoración de víctimas de grupos de manipulación psicológica; vinculación de casos o manejo de la comunicación mediática entre otras.

9.8.1.3. Perfilado indirecto de la personalidad

Es un procedimiento de carácter criminológico orientado a deducir características psicológicas y comportamentales significativas de una persona relevante para una investigación (ya sea autor, sospechoso, víctima o fuente de información), procurando hacerlo con rapidez y sin contacto directo con ella, a través de materiales indirectos como redes sociales, escritos personales o informes médicos, policiales y judiciales. Se concibe como un recurso operativo complementario para el analista cuando el acceso directo al sujeto no es posible o resulta inconveniente.

En consecuencia, su finalidad no es determinar la autoría de un delito, sino aportar claves sobre la manera de interactuar con dicho individuo, ya sea en entrevistas, negociaciones, procesos judiciales o contextos penitenciarios, con el objetivo de facilitar la toma de decisiones estratégicas. Sus aplicaciones más comunes incluyen la preparación de interrogatorios mediante la anticipación de posibles respuestas, la evaluación del riesgo de escalada en amenazas, acoso o acecho, así como la negociación en situaciones críticas con rehenes. Todo ello, sin embargo, debe aplicarse reconociendo las limitaciones empíricas de la técnica.

Utiliza dos metodologías:

Indicadores conductuales (Modelo ENCUIST)

Es un instrumento psicométrico parcialmente validado empíricamente elaborado *ad hoc* basado en las teorías psicológicas del rasgo y sus modelos derivados, que han sido adaptados para la inferencia a través de las conductas manifestadas por el sujeto o de entrevistas a personas cercanas a este, de los siguientes rasgos:

– Extraversión/búsqueda de sensaciones (E)

– Neuroticismo (N)

– Insensibilidad emocional o impulsividad/agresividad (CUI)

– Necesidad de cognición (NC)

Indicadores observacionales

Basada en la teoría de la "*ciencia de rastrear*" ("*science of snooping*") de Gosling, se centra en el análisis del entorno físico privativo del sujeto (el modo en que dispone y mantiene objetos o espacios físicos, como su dormitorio o despacho) para obtener conclusiones sobre su personalidad, ya que la teoría sostiene que ese entorno físico privativo puede reflejar o proyectar características de aquella. También es aplicable a sus espacios virtuales (blogs, cuentas o perfiles de redes sociales).

9.8.2. Metodología

Se estructura en varias fases, buscando el rigor y la trazabilidad mediante la transparencia en las premisas y la cadena lógica dato-inferencia-recomendación.

9.8.2.1. Recogida y análisis de información

A partir de una sistematización rigurosa de las fuentes, por parte de dos analistas de modo independiente para reducir sesgos, se evalúa la calidad de los datos y se estructuran en cuatro áreas: escena del crimen; modus operandi y firma; variables espaciotemporales y victimología.

9.8.2.2. Realización de inferencias

Las inferencias deductivas se fundamentan en evidencias conductuales (modus operandi, dinámica delictiva, manejo de la escena), exigiendo validar premisas y descartar explicaciones incompatibles. Estas inferencias han de respaldarse contrastando y ponderándolas mediante hallazgos inductivos (asociaciones empíricas y tipologías derivadas de muestras resueltas), incorporando la evidencia estadística sin dotarla de un carácter absoluto, lo que permite calibrar probabilísticamente la plausibilidad de atributos inferidos y acotar errores.

9.8.2.3. Aportaciones o sugerencias de investigación

El producto de las inferencias no debe limitarse a la obtención de un perfil de autor, debe incluir hipótesis de priorización, líneas de investigación, vinculación de casos, recomendaciones para entrevistas y estrategias de búsqueda.

9.8.2.4. Perfilado indirecto

Cuando se considere necesario, se puede generar un perfilado indirecto útil para la aplicación al caso específico.

9.9. EL CIBERPERFILADO CRIMINOLÓGICO

El ciberperfilado criminológico se presenta como un campo en construcción que combina criminología, psicología, ciberseguridad y análisis forense digital, ofreciendo un marco prometedor para comprender y gestionar las amenazas derivadas de la criminalidad en línea.

También denominado *Cyber Profiling* o *Cyber Behavior Analysis*, no es una metodología establecida, sino la aplicación y adaptación de las técnicas del perfilado criminológico (básicamente el análisis de conducta) a la investigación de la ciberdelincuencia en el ámbito policial. Existe bastante confusión respecto a los términos citados, pues adquieren distintos significados dependiendo del ámbito en el que se utilice:

En el *ámbito empresarial* se refiere a la elaboración de perfiles de clientes y consumidores con fines mercantiles.

En el *ámbito de inteligencia* su uso se orienta a la detección de información relevante para el denominado ciclo de inteligencia.

En el *ámbito de la ciberseguridad* se centra en la identificación de métodos y vectores de ataques informáticos y la clasificación general de sus autores dentro de categorías muy estandarizadas.

En el *ámbito policial*, surge de la adaptación y aplicación de las técnicas de perfilación criminal (básicamente el análisis de conducta) a la investigación de la ciberdelincuencia.

El ciberperfilado criminológico afronta, como el resto de los enfoques, varios desafíos metodológicos: la falta de una definición común y de taxonomías interoperables entre dominios; la escasez de conjuntos de datos abiertos y longitudinales que permitan validación externa y análisis de generalización; y la tensión entre trazabilidad/atribución y privacidad, con asimetrías de acceso a datos entre academia, sector privado y cuerpos policiales. Por ello, la literatura más reciente insiste en estandarizar definiciones y protocolos, y en estrechar la colaboración con proveedores y autoridades para habilitar evaluación rigurosa del impacto del perfilado en la investigación y la prevención.

9.9.1. Definición y alcance

El ciberperfilado criminológico consiste en la aplicación de técnicas de perfilación criminológica y clínica al ámbito digital. Su objetivo es inferir las características, motivaciones, capacidades, rutinas técnicas y posibles riesgos asociados a sujetos desconocidos a partir de su comportamiento en el ciberespacio a partir de la huella conductual que dejan sus acciones en sistemas, redes y plataformas (comportamiento técnico y comunicativo), integrando artefactos forenses, patrones de elección de objetivos, firmas operativas y decisiones situacionales. A diferencia del análisis técnico puro, incorpora una perspectiva conductual y criminológica que permite comprender al actor más allá de los indicadores informáticos.

9.9.2. Orígenes y evolución

El interés por perfilar a los delincuentes informáticos surge con el crecimiento de la criminalidad en línea a finales del siglo XX y principios del XXI. En los albores del nacimiento de la ciberdelincuencia, en los años 90 del pasado siglo surgió la famosa clasificación de hackers en función del color de su sombrero (blanco, negro o gris) para diferenciarlos en función de su intencionalidad. Si bien esta clasificación se ha ampliado y persiste en la actualidad, su función es básicamente pedagógica y comunicativa, como ayuda a diferenciar rápidamente intenciones y contextos de actuación. Sin embargo, su utilidad práctica es muy discutida por la permeabilidad de sus fronteras, ya que un mismo individuo puede pasar de un rol a otro según el tiempo, la oportunidad o la motivación.

9.9.2.1. Traslación de enfoques clásicos al dominio cibernético (2000-2010)

La explosión del fenómeno de la ciberdelincuencia a principios del siglo XXI propició la necesidad de desarrollar herramientas tecnológicas para luchar eficazmente contra el mismo. En un principio, los esfuerzos se centraron en el estudio de las amenazas y vulnerabilidades con una orientación puramente técnica. Paulatinamente, los distintos actores implicados tomaron conciencia de que no menos importante era el estudio del delincuente que genera esas amenazas, surgiendo entonces una orientación de análisis conductual. Así, los primeros pasos se dieron con el establecimiento de distintas tipologías de ciberdelincuentes y sus motivaciones.

El primer antecedente claro es el *Hackers Profiling Project*, impulsado en 2004 por las Naciones Unidas, que pretendía analizar la figura del hacker en todas sus dimensiones, comprender sus motivaciones subyacentes, desarrollar tipologías aplicando técnicas de perfilado; siendo pionero en intentar combinar técnicas de seguridad informática con el perfilado criminológico, proponiendo variables humanas que no suelen aparecen en análisis técnicos.

Posteriormente, los primeros desarrollos en la aplicación de técnicas criminológicas se apoyaron en dos pilares: la adaptación de la BEA y la reconstrucción basada en evidencia al análisis de artefactos digitales; y el uso de teoría de la elección racional, actividades rutinarias y criminología ambiental para mapear oportunidades y trayectorias en redes y servicios.

En el plano conductual-forense, algunos autores (Al Mutawa y coautores, 2019) propusieron integrar BEA en la práctica de la informática forense, argumentando que los "rastros" técnicos pueden leerse como evidencia conductual análoga a la de una escena física.

En paralelo, estudios pioneros sobre el perfilado del ciberdelincuente interno (*insider*) y proyectos de *honeypots* orientados a "*cyberprofiling*" exploraron patrones de ataque y puntos de intersección entre comportamientos online y offline, importando técnicas de criminología ambiental y tipologías de desplazamiento delictivo.

9.9.2.2. Consolidación temática: tipologías y dominios de aplicación (2010–2018)

En la década de 2010, los desarrollos se orientan en varios ámbitos:

- Intrusiones y *hacking*, con un enfoque técnico-conductual: vectores, persistencia, seguridad de las operaciones.
- Amenazas internas, orientados a perfiles organizacionales y de rol.
- Ciberacoso (*cyberstalking*), con revisiones y propuestas metodológicas que introdujeron escalas y protocolos de perfilado del agresor y de la conducta, facilitando una caracterización más fina de modus operandi y trayectorias (análisis de patrones de contacto, escalada, multicanalidad).
- Fraude/ciberestafas se aplicaron marcos de actividades rutinarias y minería de datos para perfilar actores y escenarios de riesgo. (*scripts* persuasivos, rutinas temporales).

9.9.2.3. Revisión del campo y propuestas de estandarización conceptual (2018-2024)

En 2019, el *Behavioural Digital Forensics Model* (BDFM) y trabajos afines consolidaron la integración BEA-forense digital, ofreciendo fases, categorías de evidencia conductual y criterios de inferencia replicables en laboratorio y en análisis de casos.

El proyecto CC-DRIVER (2020-2023) incardinado en el Proyecto Horizonte 2020 de la Unión Europea pretendía comprender el fenómeno de la cibercriminalidad y desarrollar nuevos métodos para prevenir, investigar y mitigar la conducta cibercriminal, especialmente en los jóvenes. Sin embargo, es un esbozo de la aplicación de técnicas de análisis conductual a las motivaciones de distintas tipologías de ciberdelincuentes, no un enfoque integral de investigación.

La revisión sistemática de Bada y Nurse (2021) destacó la prevalencia del enfoque deductivo y la concentración temática en la figura del *hacker*, reclamando definiciones consensuadas y conjuntos de datos longitudinales que permitan validación externa.

En 2023, Martineau y colegas propusieron un marco comprensivo para el análisis conductual centrado en la atención en el "cómo" del ataque (tácticas, técnicas y procedimientos) como ventana a capacidades, estructura de decisión y aprendizaje del agresor, lo que facilita hipótesis sobre nivel de profesionalización, pertenencia a ecosistemas ilícitos y probables próximos pasos; y articulando dimensiones actor-técnica-tarea que acercan la disciplina a taxonomías comparables a las de la investigación criminal tradicional.

Ya en 2024, Rich y Aiken elaboran un modelo orientado a la anticipación efectiva, identificación y mitigación de ciberamenazas mediante el análisis conductual aplicado, el modelado predictivo y métricas de comportamiento (*Cyber Forensics Behavioral Analysis*, CFBA).

9.9.3. Metodología

Los distintos enfoques de la técnica implican la dificultad de establecer una metodología estandarizada. No obstante, todos ellos combinan el análisis deductivo caso-a-caso (BEA) de evidencias técnicas y comunicativas; el análisis inductivo/estadístico de series y corpus (p. ej., campañas, foros); la criminología ambiental aplicada a espacios digitales (rutas de acceso, nodos, *guardianship* algorítmico); y el uso de técnicas de fuentes abiertas (OSINT), estilometría en artefactos lingüísticos y metadatos.

Las fuentes de datos utilizadas incluyen múltiples fuentes de información:

Evidencias técnicas: artefactos forenses, registros de tráfico, logs de sistema y TTPs (tácticas, técnicas y procedimientos).

Evidencias conductuales: patrones lingüísticos, horarios de conexión, estilos de comunicación, selección de objetivos, contenidos generados por el usuario y materiales comunicativos.

Infraestructura utilizada: dominios, direcciones IP, servicios de anonimización, repositorios y entornos de colaboración.

OSINT (Open Source Intelligence): datos abiertos procedentes de redes sociales, foros especializados o bases públicas.

El análisis de la información puede completarse con técnicas de autopsia psicológica virtual, análisis de ingeniería social o psicolingüístico.

Un esquema básico común de metodología podría ser el siguiente:

9.9.3.1. Primera fase: recogida y depuración de datos

Incluiría todos los datos iniciales conocidos del suceso a investigar (víctima, autor, medio de comisión, datos técnicos), completados con actuaciones técnicas posteriores (declaraciones de víctimas, testigos y perjudicados; recopilación de registros de eventos y datos; rastreos en línea, análisis forense de dispositivos, etc.).

9.9.3.2. Segunda fase: análisis y modelado conductual

Una vez obtenida, categorizada y depurada toda la información del caso, se aplican las técnicas informáticas y criminológicas adecuadas al tipo de información o dato para su tratamiento y análisis; identificando motivaciones, sesgos, nivel de pericia y modus operandi.

9.9.3.3. Tercera fase: integración de resultados

Los resultados obtenidos de cada área de análisis de datos deben integrarse e interpretarse conforme a parámetros técnicos y criminológicos, para obtener aquellas inferencias y conclusiones que soporten el perfil. También incluye, en su caso, la atribución probabilítisca (vinculación con escuelas de hacking, grupos organizados o afiliaciones ideológicas).

9.9.3.4. Cuarta fase: informe técnico-criminológico

Los hallazgos técnicos y las conclusiones obtenidas deberán plasmarse en un informe técnico-criminológico, que puede aportar datos sobre identificación del delincuente, su actividad criminal y capacitación técnica, rasgos de personalidad, etc.

9.9.3.5. Quinta fase: validación iterativa

Contraste de inferencias con nuevos eventos y evidencias.

Cap. 10
Problemas abiertos del perfil criminológico

El perfilado criminológico, pese a su popularidad y a los avances teóricos recientes, sigue enfrentándose a importantes limitaciones metodológicas que condicionan su validez científica y su utilidad operativa en la investigación policial. La revisión crítica de la literatura especializada pone de relieve al menos siete ámbitos problemáticos que conviene analizar de forma sistemática.

10.1. VALIDEZ Y FIABILIDAD

La cuestión más discutida es la ausencia de consensos sólidos sobre la validez de los perfiles (si realmente predicen o explican las características del autor) y sobre su fiabilidad (grado en que distintos profesionales llegan a conclusiones semejantes a partir de la misma información). Los estudios han mostrado resultados dispares: mientras algunos avalan cierta capacidad predictiva en contextos específicos, como los delitos sexuales o los homicidios seriales, otros revelan amplias discrepancias entre los perfiles elaborados por distintos expertos (Kocsis, 2007; Snook et al., 2008).

Un aspecto adicional es la confusión frecuente entre exactitud y validez. Gran parte de la literatura se ha centrado en medir la "validez aparente" del perfilado —esto es, la percepción de utilidad o fiabilidad por parte de policías, estudiantes o profesionales forenses— en lugar de someterlo a pruebas empíricas de validez predictiva o de constructo (Ribeiro & Soeiro, 2021). Incluso el simple cambio de etiqueta (por ejemplo, de *criminal profiling* a *criminal investigative analysis*) puede alterar la percepción de validez sin que ello suponga mejora metodológica (Torres, Boccaccini, & Miller, 2006). Esto pone de manifiesto que la aceptación profesional no puede equipararse a validación científica.

10.2. AUSENCIA DE ESTANDARIZACIÓN

La ausencia de protocolos unificados y la heterogeneidad de enfoques es otra limitación central. Se emplean métodos inductivos, deductivos, clínicos, estadísticos y mixtos, sin un estándar común ni una terminología consensuada para conceptos clave como modus operandi, ritual, firma o escenificación (Canter & Youngs, 2009; Turvey, 2012). Esta dispersión resta credibilidad al perfilado como disciplina pericial y dificulta su admisibilidad judicial.

Además, muchos informes carecen de una estructura lógica trazable: contienen afirmaciones sin justificación explícita, sin posibilidad de falsación y con documentación incompleta, lo que impide su revisión por pares y su evaluación independiente (Petherick & Brooks, 2021). Frente a ello, se ha propuesto el uso de marcos integrados como el modelo CRIME y la aplicación de estructuras argumentativas (como la de Toulmin) que obliguen a fundamentar cada inferencia en datos verificables y a explicitar sus límites.

10.3. CONTRASTACIÓN EMPÍRICA INSUFICIENTE

La validación empírica de los perfiles sigue siendo escasa. Predominan los estudios de caso o de muestras reducidas, lo que limita la generalización. Intentos de replicar tipologías clásicas, como el modelo de Keppel y Walter para homicidios sexuales, han mostrado inconsistencias y ausencia de respaldo empírico (Bennell et al., 2013). Aunque se han realizado análisis multivariantes con ciertos resultados prometedores (Fujita et al., 2013, 2015), la homología del comportamiento y la consistencia interdelito siguen siendo hipótesis de validez parcial.

El diseño de estudios más robustos se enfrenta a obstáculos éticos y prácticos: dificultad de acceso a muestras amplias, heterogeneidad delictiva y variabilidad cultural. De ahí que autores como Fox y Farrington (2012, 2020) insistan en la necesidad de replicar perfiles en contextos diversos mediante ensayos controlados aleatorizados (RCT), lo que permitiría evaluar la utilidad del perfilado en investigaciones reales y no solo en entornos académicos.

10.4. LAS FUENTES DE DATOS

La calidad del perfil depende de la calidad de las fuentes iniciales: informes forenses, autopsias, declaraciones, bases de datos policiales, etc. Estas fuentes son vulnerables a errores, omisiones y sesgos, lo que repercute directamente en la fiabilidad de las inferencias (Clarke & Fenton, 2001). El acceso restringido a la información por motivos de confidencialidad, la dispersión de datos entre distintas jurisdicciones o la baja calidad de registros antiguos constituyen obstáculos frecuentes.

En el ámbito del perfilado geográfico, además, se añade la dependencia de supuestos del modelo (como el principio de decaimiento con la distancia o la zona de amortiguación) y la vulnerabilidad a datos incompletos o series mal vinculadas. Se han propuesto soluciones específicas para abordar estas limitaciones. Una de las más relevantes es el método *jackknife*, una técnica de remuestreo que permite estimar la variabilidad del modelo a partir de los propios datos de la serie. Consiste en recalcular la superficie de probabilidad repetidamente, excluyendo en cada iteración un delito distinto, con lo que se obtiene un conjunto de resultados que reflejan la sensibilidad del modelo a la presencia o ausencia de cada observación. De este modo, es posible identificar qué casos tienen un peso desproporcionado en la predicción y, sobre todo, generar intervalos de confianza y representaciones visuales de la incertidumbre inherente al perfilado. Esta aproximación obliga a reportar no solo un resultado puntual, sino también sus márgenes de error, lo que constituye una práctica metodológica recomendable para mejorar la fiabilidad y la transparencia de los perfiles.

La incorporación de inteligencia artificial introduce, a su vez, nuevos retos metodológicos. Si bien aumenta la capacidad de procesar grandes volúmenes de datos y detectar patrones complejos, los algoritmos funcionan como "cajas negras" de difícil interpretación, arrastran los sesgos históricos presentes en las bases de datos y plantean riesgos éticos y de privacidad (Sarrat & Scott, 2025). La transparencia, la auditabilidad y la explicabilidad de los modelos son condiciones imprescindibles para evitar que la aparente precisión algorítmica se confunda con validez real.

10.5. EFECTO *BARNUM*

El *efecto Barnum*, también conocido como *efecto Forer*, es un sesgo cognitivo por el cual las personas atribuyen mayor veracidad o precisión a descripciones de personalidad que supuestamente están hechas a medida para ellas, cuando en realidad son vagas, generales y podrían aplicarse a muchas personas. Funciona especialmente cuando la retroalimentación parece personalizada, viene de una autoridad o es mayormente positiva. Estas condiciones suelen darse en el contexto del perfilado criminológico, donde un experto en la materia (figura de autoridad) incluye en el perfil elaborado características de personalidad muy generales que se aceptan como específicas del sujeto objeto del perfil. Algunos estudios han encontrado que perfiles criminales ambiguos con descripciones vagas se aceptan como más precisos si se presentan como "perfil de agresor" (Alison, 2003; Gendreau, 2008).

Este fenómeno mina la utilidad operativa del perfil, pues genera ilusiones de exactitud sin aportar datos discriminantes o verificables. De esta manera, se corre el riesgo de convertir el perfil en un documento más persuasivo que científico (Alison et al., 2003; Snook et al., 2008), generando importantes riesgos como la generación de falsos sospechosos u orientaciones erróneas de investigación, que pueden conducir a acusaciones de personas inocentes o comprometer gravemente el éxito de aquella.

Para mitigarlo, se recomienda la transparencia metodológica: detallar los datos utilizados, las hipótesis descartadas y los márgenes de error, así como someter los perfiles a evaluaciones posteriores de precisión.

10.6. SESGOS COGNITIVOS

Los analistas de conducta no están exentos de sesgos cognitivos. El sesgo de confirmación, el anclaje en la primera información recibida o el sesgo retrospectivo son algunos de los más frecuentes (Rossmo, 2000; Canter, 2000). Estos sesgos distorsionan la interpretación de la evidencia y pueden comprometer la objetividad del perfil.

La literatura reciente ha profundizado en el estudio de los sesgos cognitivos que afectan al razonamiento de los investigadores criminales, así como en las estrategias metodológicas orientadas a su mitigación. En este sentido, se han propuesto modelos de toma de decisiones basados en la evidencia, el análisis estructurado de hipótesis y el uso de procedimientos de contraste empírico que reducen la exposición a errores de confirmación o atribución. Estos avances apuntan a la necesidad de una formación específica en razonamiento crítico y control de sesgos dentro de la práctica investigadora.

Las recomendaciones metodológicas incluyen la triangulación de analistas, el trabajo en equipo para depurar inferencias (como propone el método V.E.R.A.), y la incorporación de protocolos explícitos de revisión de hipótesis alternativas. También resulta esencial reconocer las limitaciones de la técnica y explicitar la trazabilidad de cada inferencia para facilitar su verificación independiente.

10.7. CARENCIA DE VALIDEZ JUDICIAL

En la mayoría de los sistemas legales los perfiles carecen de valor probatorio, aceptándose solo como orientación investigativa. Para que una técnica tenga reconocimiento pericial debe cumplir requisitos de reproducibilidad, revisión por pares, tasas de error conocidas y aceptación en la comunidad científica. Son los estándares fijados en EE. UU. por los criterios Daubert y Kumho, y en España por la jurisprudencia del Tribunal Supremo (STS 327/2015, STS 677/2013, STS 600/2014), que exige que la pericia debe apoyarse en técnicas reconocidas, contrastables y actualizadas, con una explicación comprensible del procedimiento seguido, de los datos empleados y de la inferencia hasta las conclusiones

La falta de estándares de práctica y de métricas de error conocidas coloca al perfil criminológico en una situación de fragilidad jurídica. Como señalan Petherick y Brooks (2021), la práctica actual a menudo no añade valor probatorio y puede incluso ser más perjudicial que útil. La incorporación de marcos de trabajo integrados, protocolos transparentes y validación empírica rigurosa son condiciones necesarias para reforzar su eventual validez judicial.

Cap. 11
¿Cómo se elabora un perfil criminológico?

Tras haber revisado en el capítulo anterior los principales problemas metodológicos del perfilado —falta de estandarización, ausencia de métricas de error, confusión entre validez y exactitud, vulnerabilidad a sesgos y carencia de valor probatorio—, resulta imprescindible plantear marcos de trabajo que permitan elaborar perfiles más rigurosos, transparentes y útiles. Para ello, se ha consolidado una secuencia de pasos que abarca desde las consideraciones previas hasta la retroalimentación final, y que en este manual se articula en nueve apartados: competencia profesional, viabilidad, propósito, recopilación de información, definición de objetivos, planificación de actividades, análisis, validación y elaboración del informe.

Este esquema metodológico se ve reforzado con las aportaciones del modelo CRIME (Petherick & Brooks, 2021), que propone un marco estructurado y complementario para dar coherencia y trazabilidad al perfil. Este modelo organiza el proceso de perfilado en cinco componentes básicos, cuyo acrónimo resume la lógica de trabajo:

C (Crime scene evaluations): evaluación sistemática de la escena del crimen y de la evidencia conductual observable.

R (Relevancy of research): vinculación explícita con hallazgos de la investigación empírica y la literatura científica pertinente.

I (Investigative/clinical opinions): integración de la experiencia investigadora o clínica, explicitando su papel y sus límites.

M (Methods of investigation): descripción clara y transparente de los métodos utilizados, su fundamento y sus limitaciones.

E (Evaluation): evaluación crítica del perfil elaborado, incluyendo márgenes de error, hipótesis descartadas y posibilidad de revisión.

La lógica de CRIME es asegurar que cada afirmación del perfil pueda rastrearse hasta sus fundamentos empíricos o lógicos, de modo que el informe final no sea solo un conjunto de descripciones, sino un documento trazable y falsable. Con ello se busca aumentar la fiabilidad interanalistas, la utilidad operativa para la investigación policial y, potencialmente, la admisibilidad judicial del perfil.

Mientras la propuesta de este epígrafe establece las fases operativas necesarias, el modelo CRIME actúa como esqueleto lógico que garantiza que cada inferencia esté fundamentada en datos observables, conectada con investigación empírica y sometida a evaluación crítica.

11.1. CONSIDERACIONES PREVIAS

La elaboración de un perfil criminológico debe seguir un procedimiento riguroso, transparente, replicable y basado en la evidencia disponible. En este punto, el componente *R (Relevancy of research)* del modelo CRIME aporta un criterio adicional: la necesidad de vincular los datos del caso con la literatura científica relevante y con hallazgos empíricos contrastados, de modo que las inferencias no se basen solo en la experiencia, sino también en evidencia acumulada.

11.2. COMPETENCIA PROFESIONAL

Dado que se va a trabajar con fuentes de muy distinta procedencia, como análisis criminalísticos de todo tipo (dactiloscópicos, balísticos, biológicos, de trazas instrumentales, hematología reconstructiva,…); informes policiales, médico forenses o judiciales (atestados, informes de autopsia, autos y requerimientos,…);

o testimonios (declaraciones de testigos, sospechosos, investigados), entre otras, es necesario que el analista tenga una sólida formación en disciplinas aplicadas como la criminalística, la medicina legal, la psicología criminalista, la criminología, la estadística y la técnica policial. Sin una capacitación completa no podrá valorar, analizar e interpretar correctamente los datos provenientes de dichos campos. Por lo tanto, debe ser honesto consigo mismo y valorar si tiene la competencia profesional suficiente antes de enfrentarse a esta tarea.

El componente *I (Investigative/clinical opinions)* de CRIME hace referencia a estas cuestiones, señalando que la experiencia del analista puede guiar la planificación, pero debe separarse de la evidencia empírica y explicitar sus límites, evitando confundir intuición con dato objetivo.

11.3. VIABILIDAD

En segundo lugar, debe ser capaz de valorar si la solicitud recibida es viable técnicamente y en el plazo solicitado. Es imprescindible por tanto que el analista reciba una información mínima respecto a lo que se requiere: qué información se le va a facilitar, cuales son el objeto y la demanda concreta, de qué medios va a disponer y cualquier otra circunstancia relevante que le permita tomar la decisión.

11.4. PROPÓSITO

Si el analista se considera capacitado y estima viable el proyecto, deberá concretar el propósito de este: qué se le pide y respecto a qué. Por ejemplo, un perfil sobre un agresor sexual único, la posible vinculación entre una serie de casos, un análisis de patrones de desplazamiento y geográfico en una serie de atracos, o un contra perfil para determinar si el perfil de un sujeto determinado encaja con la comisión de un delito concreto.

11.5. METODOLOGÍA A SEGUIR

Llegado a este punto, debe considerarse qué metodología va a seguirse para el proceso de análisis. Esta decisión dependerá de la idiosincrasia y la formación del analista, el propósito del proyecto, la existencia o no de un sujeto objeto del análisis y el tipo y número de delitos o sucesos. Aquí se integra el componente *M (Methods of investigation),* que exige describir con precisión los métodos aplicados (inductivos, deductivos, abductivos, multivariantes) y documentar el razonamiento paso a paso. La incorporación de modelos argumentativos como el de Toulmin permite reforzar la trazabilidad de cada inferencia.

11.5.1. Recopilación y análisis de la información

Es un momento central en el proceso, pues de la cantidad y calidad de la información recogida dependerá tanto la viabilidad como el resultado del análisis. Sin embargo, no está exenta de dificultades que el analista en ocasiones no puede sortear. Así, puede ocurrir que dependa únicamente de la información facilitada por una única fuente (por ejemplo, un expediente policial o un sumario judicial) que puede limitar el acceso a parte de los datos. En otros casos, especialmente si se trata de casos antiguos, la información disponible puede ser muy escasa o de mala calidad, sin posibilidad de suplir tales defectos debido al tiempo transcurrido. También puede afectar la dispersión de la información (por ejemplo, cuando se trate de analizar varios casos que afectan a jurisdicciones o cuerpos policiales con distintas competencias), que puede requerir de un tiempo y esfuerzo considerable.

En cuanto al tipo de información de interés, por ser esta una fase común a todos los enfoques ya expuestos, nos remitimos a lo mencionado en sus respectivos apartados de metodología.

11.5.2. Definición de objetivos

Una vez evaluada la información disponible, el analista puede plantearse los objetivos a conseguir con garantías. Los objetivos son cuestiones concretas que definir y analizar para conseguir el propósito del proyecto. Por ejemplo, aflorar un patrón de desplazamiento espaciotemporal en función de distintos hechos o localizaciones cuando el propósito es realizar un perfil geográfico que ayude a acotar las áreas de búsqueda del agresor. O determinar si ha habido una escenificación en un caso de muerte equívoca (de etiología indeterminada sospechosa de criminalidad) con el propósito de determinar si ha sido un fallecimiento accidental, un suicidio o un homicidio.

11.5.3. Planificación de actividades

Determinados los objetivos con claridad, llega el momento de planificar las actuaciones a realizar de un modo lógico para optimizar tiempo y resultados, estableciendo una secuencia precisa: el orden de los sucesos a estudiar si hay más de uno, el de visita a los distintos escenarios, el de organizar el cronograma de trabajo...

11.5.4. Análisis

Esta fase constituye el eje vertebrador del análisis. Supone el estudio en profundidad de la información depurada, clasificación de los datos, determinación de conductas, realización de inferencias, análisis victimológico, etc., en función del enfoque o metodología que se haya decidido utilizar. Aquí, el componente *C (Crime scene evaluations)* del modelo CRIME enfatiza la importancia de comenzar con una evaluación exhaustiva de la escena y la evidencia, garantizando que toda inferencia se apoye en la información más completa posible.

11.5.5. Validación

Obtenidas las conclusiones respecto al análisis global, el analista debe ser especialmente cuidadoso en validarlas. Para ello debe revisar que sean congruentes con la evidencia física disponible, que se ajusten a los criterios científicos en su caso, y que las inferencias y deducciones sean trazables y se ajusten a la lógica. La validación implica contrastar las conclusiones con la evidencia disponible y con criterios científicos, revisando hipótesis alternativas y reconociendo limitaciones. En esta fase, el componente E (Evaluation) del modelo CRIME resulta crucial, pues obliga a reportar márgenes de error, descartar hipótesis incompatibles y considerar técnicas de estimación de incertidumbre. Esto incrementa la fiabilidad y prepara el perfil para un eventual escrutinio judicial.

11.6. CONTENIDO Y REALIZACIÓN DEL INFORME

Lo aconsejable es trabajar sobre un borrador que se irá completando, modificando y corrigiendo durante todo el proceso, y que una vez sometido al proceso de revisión se convertirá en el informe final.

El formato y estructura dependerán de la orientación seguida, de la pertenencia del analista a alguna institución que tenga establecido su propio formato, del destinatario y del propósito del informe. No será igual un informe de vinculación de casos que un perfil geográfico exclusivamente, o un perfil de caso único, por ejemplo.

Existen publicados distintos formatos de informe a los que puede acogerse el analista o bien diseñar el suyo propio.

El contenido dependerá del tipo y propósito del informe, pudiendo ser muy variable en cuanto a la información a estructurar. En cuanto a los aspectos formales se recomienda ajustarse a las normas expuestas en la asignatura de Informes Periciales. Respecto al contenido, un buen punto de partida puede ser el siguiente:

11.6.1. Sección de antecedentes

Debe incluir los datos de identificación profesional del analista (incluyendo una breve referencia a sus cualificaciones profesionales), el objeto y propósito del informe solicitado, y un resumen sintético del caso o casos.

11.6.2. Sección de metodología

Debe describir y detallar los datos utilizados; el método y las técnicas aplicados; una descripción minuciosa de los exámenes realizados (análisis criminológico del escenario, victimológico, forense, reconstrucciones, etc.); las hipótesis formuladas y el razonamiento seguido para su refutación o comprobación (deductivo, inductivo, abductivo). Es recomendable incluir distintos epígrafes para una estructuración clara de los contenidos. A nivel general, es imprescindible el análisis de cuatro áreas: escena del crimen, victimología, análisis conductual (modus operandi, firma, ritual, escenificación, etc.) y análisis geográfico.

11.6.3. Sección de discusión de los resultados

Donde se discutirán de acuerdo con la bibliografía científica los hallazgos del análisis efectuado, para sustentar los resultados en el rigor técnico y científico. También las limitaciones encontradas, así como someter a examen posibles resultados incongruentes con la evidencia científica y física del caso. En este punto, el componente *R (Relevancy of research)* del modelo CRIME aporta un criterio adicional: la necesidad de vincular los datos del caso con la literatura científica relevante y con hallazgos empíricos contrastados, de modo que las inferencias no se basen solo en la experiencia, sino también en evidencia acumulada.

11.6.4. Sección de conclusiones y recomendaciones operativas

En ella se plasmarán de modo claro, conciso y concreto las conclusiones obtenidas, debiendo contener inexcusablemente un apartado con recomendaciones y sugerencias de carácter operativo en función del propósito y objetivos. Estas sugerencias deben ser siempre realistas, aplicables en el contexto y suponer una aportación novedosa a la investigación efectuada en su caso. Es importante señalar que las conclusiones obtenidas son válidas al momento de emisión del informe, dado que si aparecen nuevos datos que requieren una reevaluación del caso, pueden cambiar parcial o totalmente.

11.6.5. Retroalimentación

Una vez entregado el informe es recomendable mantener contacto con los investigadores y acordar la puesta en conocimiento de nuevos datos o información que pueda requerir una reevaluación del caso por el analista. La retroalimentación sigue siendo un elemento clave. La comparación entre el perfil y los resultados de la investigación o de la sentencia judicial permite valorar su precisión y mejorar las prácticas futuras.

11.7. BUENAS PRÁCTICAS RECOMENDADAS

La calidad de un buen perfil criminológico deviene tanto de su forma como de su fondo. El documento final, el producto a entregar, debe estar exquisitamente presentado, al objeto de crear la mejor impresión de profesionalidad. Ha de tener un aspecto sobrio pero elegante, limpio (sin enmiendas, tachaduras ni errores ortográficos y gramaticales), utilizando un formato adaptado según las normas ya vistas, con precisión terminológica y que facilite su manejo al lector, estando correctamente referenciado y si es un documento electrónico, con hipervínculos que permitan fácil navegación por el mismo. Respecto a los requisitos de forma, puede ser útil como referencia tomar las directrices marcadas en la norma UNE 197001:2019 (AENOR, 2019).

Debe perseguir cumplir con cuatro condiciones fundamentales: ser *claro* (inteligible, fácil de comprender); *conciso* (brevedad y economía de medios en el modo de expresar un concepto con exactitud); *concreto* (preciso, determinado, sin vaguedad) y *completo* (responder a todas las cuestiones solicitadas).

La integración entre el esquema clásico y el modelo CRIME se traduce en la oportunidad de integrar buenas prácticas para mejorar la calidad del perfil:

- Delimitar con precisión el objeto y el alcance del perfil.
- Utilizar una metodología identificable y replicable.
- Describir con precisión las técnicas utilizadas, su fundamento técnico-científico y su idoneidad.
- Documentar todos los métodos y fuentes de datos.
- Reportar márgenes de error e intervalos de confianza.
- Identificar con claridad las limitaciones y sus implicaciones para la evaluación.
- Distinguir con claridad hechos de inferencias y la trazabilidad de éstas, evitando saltos del dato a la conclusión. Explicar el razonamiento paso a paso.
- Transparencia y control de sesgos: declarar posibles sesgos y medidas de mitigación (revisión por pares, contraste de hipótesis alternativas, etc.), evitando el lenguaje tipo "Barnum" y generalidades no operacionalizadas.
- Someter los perfiles a revisión independiente cuando sea posible.

PARTE III
SÍNTESIS Y PERSPECTIVAS

Cap. 12

Perfil de peligrosidad criminal y perfil criminológico. Elementos diferenciadores y perspectivas futuras

Tanto el perfil de peligrosidad criminal, enraizado en la tradición de la Criminología Clínica, como el perfil criminológico, propio de la investigación criminal, han seguido trayectorias de desarrollo independientes, aunque en ocasiones han sido confundidas o utilizadas de manera indistinta en la literatura o en la práctica profesional. La finalidad de este capítulo es delimitar sus diferencias esenciales y analizar sus posibles desarrollos futuros., aportando una visión sistemática que evite equívocos y que permita comprender el lugar que cada técnica ocupa en la Criminología contemporánea.

12.1. ELEMENTOS DIFERENCIADORES

12.1.1. El objeto de análisis

En el perfil de peligrosidad criminal lo constituye un sujeto conocido, generalmente procedente del ámbito penitenciario y del que se dispone de abundante información documental previa y la posibilidad de utilizar instrumentos psicométricos y otras herramientas de análisis forense sobre el evaluado.

En el perfil criminológico, en cambio, el sujeto es un delincuente desconocido. La información documental disponible suele ser inexistente o, en caso de existir (como descripciones de testigos), carece de validación científica. Por ello, sus características deben inferirse de los datos obtenidos durante la investigación policial.

12.1.2. Orientación finalista

En el perfil de peligrosidad criminal el interés se centra en el propio sujeto de análisis, sobre quien recae toda la acción investigadora.

En el perfil criminológico, el foco de interés es el hecho criminal investigado, siendo su finalidad principal contribuir a la resolución del delito más que a la caracterización del delincuente como individuo aislado.

12.1.3. El ámbito de actuación

El perfil de peligrosidad criminal tiene como ámbitos de actuación el judicial (para la adopción de decisiones informadas principalmente) y el penitenciario, ya que los sujetos de estudio proceden en su mayoría de este último. El perfilado criminológico se desarrolla esencialmente en el ámbito policial, pues la técnica carece de validez probatoria plena en sede judicial, aunque comienza a introducirse progresivamente como pericia complementaria.

12.1.4. Metodología

El perfil de peligrosidad criminal se sirve de una metodología científica propia de la Criminología Clínica, con una sistemática clara y unificada.

El perfil criminológico emplea una variedad de técnicas y enfoques, lo que da lugar a una metodología ecléctica, no estandarizada y diversa.

12.1.5. Sujetos activos

En su aplicación práctica, el perfil de peligrosidad criminal es elaborado por los Equipos Técnicos y las Juntas de Tratamiento en el ámbito penitenciario, así como por algunos criminólogos en el ámbito privado.

El perfilado criminológico es una herramienta principalmente utilizada por los investigadores policiales; aunque también constituye objeto de estudio académico y de aplicación en el ámbito privado.

12.1.6. Finalidades y objetivos

Las finalidades y objetivos del perfil de peligrosidad criminal son:

- Determinar las medidas adecuadas para la rehabilitación y reinserción social de los sujetos que han cometido una conducta antisocial.
- Diagnosticar el grado de peligrosidad del sujeto de estudio mediante un método clínico y etiológico.
- Elaborar un pronóstico sobre la conducta antisocial futura y la probabilidad de reincidencia.
- Establecer un plan de tratamiento individualizado y multidisciplinar para la rehabilitación y readaptación social del infractor.

Las finalidades y objetivos de la perfilación criminal son:

- Orientar y complementar la investigación policial de un hecho delictivo, abriendo nuevas vías de indagación o facilitando hipótesis de trabajo.
- Reducir el número de sospechosos mediante la elaboración de inferencias sobre las características probables del autor.
- Facilitar la identificación y detención del delincuente mediante la construcción de un perfil criminológico.
- Contribuir a la obtención de evidencias de culpabilidad mediante el uso de técnicas proactivas, un adecuado manejo

del investigado y la formulación de inferencias conductuales.

12.1.7. Formación requerida

Existen diferencias significativas en cuanto a la formación de los especialistas en cada técnica. Los expertos en perfil de peligrosidad criminal requieren una sólida formación en Psicología, Medicina, Sociología y Ciencias Jurídicas; en tanto que los expertos en el perfil criminológico necesitan formación en Psicología, Ciencia Forense, Criminalística, Técnica Policial y Ciencias Jurídicas.

12.2. PERSPECTIVAS FUTURAS. TENDENCIAS EMERGENTES E IMPLEMENTACIÓN TECNOLÓGICA

La perfilación criminal ha transitado desde la pseudociencia lombrosiana hasta la inteligencia artificial contemporánea, pasando por modelos clínicos, inductivos y deductivos. En la última década, el perfilado criminológico ha evolucionado hacia modelos híbridos que integran criminología y psicología forense, análisis espacial, *big data* e inteligencia artificial.

Nuevas líneas de investigación incluyen el uso de redes neuronales y algoritmos de aprendizaje automático para analizar datos forenses, estilometría en textos digitales y minería de patrones de comportamiento en redes sociales y foros clandestinos. Estas aproximaciones permiten perfilar no solo a los actores, sino también a los escenarios y ventanas temporales de ofensividad, contribuyendo a la prevención situacional y la detección temprana de amenazas.

También emergen propuestas de meta-perfilado de víctimas (*victim profiling*), con el objetivo de identificar colectivos especialmente vulnerables y diseñar contramedidas focalizadas. Si bien su potencial es considerable, el uso de estas técnicas exige cautela para evitar riesgos de estigmatización y discriminación.

12.3. IMPLEMENTACIÓN TECNOLÓGICA Y DESAFÍOS ÉTICOS

La integración de herramientas tecnológicas en la elaboración de perfiles criminológicos ya es una realidad, como muestra el epígrafe dedicado al ciberperfilado. Las capacidades de la inteligencia artificial generativa (IAG) para procesar grandes volúmenes de datos, generar inferencias contextuales, sintetizar patrones y simular comportamientos suponen un salto cualitativo, pero plantean al mismo tiempo importantes riesgos:

- *Alucinaciones y errores de inferencia*: la IAG puede producir conclusiones plausibles pero incorrectas, comprometiendo la fiabilidad de los perfiles.
- *Sesgos y discriminación algorítmica:* la reproducción de sesgos en los datos de entrenamiento puede dar lugar a perfiles injustos o estigmatizantes.
- *Opacidad de los procesos*: la complejidad de las redes neuronales dificulta la explicación de las inferencias, lo que genera problemas de transparencia y de aceptación en contextos judiciales.
- *Riesgos para la privacidad y protección de datos personales*: el entrenamiento de modelos requiere grandes volúmenes de información sensible, con posibles riesgos de filtración o uso indebido.

La preocupación por estos riesgos ha impulsado medidas regulatorias. Destaca la Ley de Inteligencia Artificial de la Unión Europea, que tipifica como de "alto riesgo" los sistemas de IA utilizados en el contexto jurídico o de aplicación de la ley, imponiendo obligaciones estrictas de transparencia, supervisión humana y evaluación de riesgos. Otras iniciativas, como las directrices del Consejo de Europa o de Interpol, apuntan en la misma dirección.

Las estrategias de mitigación incluyen la supervisión humana obligatoria, la trazabilidad de las decisiones, auditorías de imparcialidad y sesgo, el uso de modelos explicables, una sólida gobernanza de datos y la limitación del papel de la IA a un rol auxiliar como apoyo a las hipótesis del analista, sin sustituir nunca su juicio profesional. La clave está en garantizar un equilibrio entre eficacia investigadora y protección de derechos fundamentales.

12.4. EL PERFIL DE PELIGROSIDAD CRIMINAL ANTE LA IA

Respecto al perfil de peligrosidad criminal, la IAG ofrece la posibilidad de elaborar modelos automatizados capaces de integrar información procedente de fuentes dispersas y de generar informes más completos y consistentes. Estos modelos pueden realizar valoraciones probabilísticas del umbral delincuencial —como la propuesta presentada en este manual— y estimaciones del riesgo de violencia en contextos específicos.

No obstante, deben aplicarse las mismas cautelas técnicas y éticas descritas para el perfil criminológico, garantizando que las herramientas tecnológicas complementen, pero nunca sustituyan, la labor del experto.

12.5. CONCLUSIÓN

La comparación entre el perfil de peligrosidad criminal y el perfil criminológico revela la existencia de dos enfoques claramente diferenciados que responden a lógicas propias: uno clínico-criminológico, aplicado a sujetos conocidos en contextos judiciales y penitenciarios; y otro criminológico-investigador, orientado a sujetos desconocidos en el marco de la investigación criminal.

Lejos de poder integrarse en una sola metodología, ambas técnicas deben ser desarrolladas y perfeccionadas en sus respectivos ámbitos, garantizando rigor científico, validez empírica y utilidad práctica.

Debido a las limitaciones y carencias expuestas en esta obra, las dos han sufrido un estancamiento en sus legítimas aspiraciones de consolidarse como técnicas plenamente científicas. El amparo otorgado por la Criminología Clínica al perfil de peligrosidad criminal, lejos de suponer un aval, ha supuesto en opinión del autor un lastre para la técnica, toda vez que ese enfoque criminológico, tras perder el peso específico que merece su estudio y aplicación práctica, sigue estando relegado a un segundo plano en los planes de estudio universitarios españoles, en los cuales salvo error u omisión involuntaria, no se ha encontrado una sola asignatura específica como Criminología Clínica. Sus contenidos están dispersos e integrados en diferentes asignaturas tanto de carácter básico como obligatorio y optativo. Sin duda alguna, esto supone un importante escollo para impulsar el estudio y avance científico de la disciplina y una de las causas de su desconocimiento y confusión con otras. Se impone, por tanto, la necesidad de recuperar la visibilidad e importancia que le corresponde.

El caso de la técnica de perfilado criminológico ha seguido un cauce diferente. Desde sus primeros desarrollos y con el auxilio de la ficción literaria y cinematográfica, su avance ha sido continuo y el interés despertado en la disciplina, creciente. Existe una enorme diferencia en cuanto al volumen de publicaciones respecto a la Criminología Clínica, y ha adquirido su propio estatus en muchos planes de estudio tanto de Grado como de Máster en España. Sin embargo, sus esfuerzos para adquirir la consideración de técnica científica y con validez judicial no han experimentado avances significativos en las últimas décadas.

Este panorama, ciertamente desesperanzador, puede transformarse con la incorporación de tecnologías avanzadas como el *big data*, el análisis espacial y la inteligencia artificial, que ofrecen oportunidades notables tanto para el perfeccionamiento de la valoración de la peligrosidad como para el apoyo a la investigación criminal. No obstante, estas innovaciones plantean riesgos metodológicos, éticos y legales que deben ser abordados con transparencia, supervisión humana y estrictas garantías.

En definitiva, el fortalecimiento de la Criminología Clínica y del perfil criminológico exige reconocer su autonomía, impulsar su validación científica y aprovechar de manera crítica y responsable los recursos que brindan las tecnologías emergentes, manteniendo siempre el equilibrio entre la eficacia investigadora y la protección de los derechos fundamentales.

REFERENCIAS BIBLIOGRÁFICAS

Akers, R. L. (2017). "Social learning and social structure: A general theory of crime and deviance". *Routledge.*

Alison, L., Smith, M. D., Eastman, O., & Rainbow, L. (2003). "Toulmin's philosophy of argument and its relevance to offender profiling". *Psychology, Crime & Law, 9*(2), 173–183.

Álvarez Saavedra, F. J. (2009). "El modus operandi hoy día". *Revista ReCrim,* (abril), 1–9. Instituto de Criminología de la Universidad de Valencia.

Andrews, D. A., Bonta, J., & Wormith, J. S. (2011). "The Risk-Need-Responsivity (RNR) model: Does adding the Good Lives Model contribute to effective crime prevention?" *Criminal Justice and Behavior, 38*(7), 735–755.

Andrews, D. A., Zinger, I., Hoge, R. D., Bonta, J., Gendreau, P., & Cullen, F. T. (1990). "Does correctional treatment work? A clinically relevant and psychologically informed meta-analysis". *Criminology, 28*(3), 369–404.

Andrés-Pueyo, A. (2013). "Peligrosidad criminal: Análisis crítico de un concepto polisémico". Universidad de Barcelona.

Attcherley, F. S. (1913). *The art of criminal investigation.* London: Chatto & Windus.

Bada, M., & Nurse, J. R. C. (2021). "Profiling the cybercriminal: A systematic review of research". In *2021 International Conference on Cyber Situational Awareness, Data Analytics and Assessment (CyberSA).*

Bandura, A., Barbaranelli, C., Caprara, G. V., & Pastorelli, C. (1996). "Mechanisms of moral disengagement in the exercise of moral agency". *Journal of Personality and Social Psychology, 71*(2), 364–374.

Brantingham, P. L., & Brantingham, P. J. (1991). *Environmental criminology.* Prospect Heights, IL: Waveland Press.

Bennell, C., Taylor, P. J., & Snook, B. (2013). "Clinical versus actuarial geographic profiling strategies: A review of the research". *Police Practice and Research, 14*(4), 289–298.

Bermúdez, J., Pérez-García, A. M., Ruiz Caballero, J. A., Sanjuán, P. y Rueda, B. (2011). *Psicología de la Personalidad.* UNED.

Bonta, J., & Andrews, D. A. (2017). *The psychology of criminal conduct* (6th ed.). Routledge..

Canter, D., & Larkin, P. (1993). "The environmental range of serial rapists". *Journal of Environmental Psychology, 13*(1), 63–69.

Canter, D. (1995). *Criminal shadows: Inside the mind of the serial killer.* London: Harper Collins.

Canter, D. (2000). "Offender profiling and investigative psychology". *Journal of Investigative Psychology and Offender Profiling,* 1(1), 1–15. https://doi.org/10.1002/jip.1

Canter, D., & Youngs, D. (2009). *Investigative psychology: Offender profiling and the analysis of criminal action.* Wiley-Blackwell.

Caprara, G. V. y Cervone, D. (2000). *Personality. Determinants, dynamics, and potentials.* University Press.

Cattell, R. B. (1965). *The scientific analysis of personality.* Harmondsworth: Penguin (ed. cast.: Barcelona: Fontanella, 1972).

Cervelló Donderis, V. (2014). "Peligrosidad criminal y pronóstico de comportamiento futuro en la suspensión de la ejecución de la pena". *La Ley Penal,* núm. 106, 44-62.

Cohen, L. E., & Felson, M. (1979). "Social change and crime rate trends: A routine activity approach". *American Sociological Review, 44*(4), 588–608.

Chargoy, J. E. (1999). "Escala de respuesta individual criminológica: un instrumento psicocriminológico para determinar objetivamente la peligrosidad". *Revista de Ciencias Sociales,* (83), 97-117.

Clarke, R. V., & Cornish, D. B. (1985). Modeling offenders' decisions: A framework for research and policy. En M. Tonry & N. Morris (Eds.), *Crime and justice: An annual review of research* (Vol. 6, pp. 147–185). Chicago, IL: University of Chicago Press.

Clarke, D. D., & Fenton, M. (2001). "Matching hypotheses to data in criminal profiling". En D. V. Canter & L. J. Alison (Eds.), *Criminal detection and the psychology of crime* (pp. 85–108). Aldershot: Ashgate.

Cloninger, S. (2009). "Conceptual issues in personalitiy psychology". En *The Cambridge handbook of personalitiy psychology* (p. 3-26). Cambridge University Press.

Costa, P. T., Jr. y McCrae, R. R. (1985). "*The NEO Personality Inventory Manual*". Psychological Assessment Resources.

Costa, P. T., Jr. y McCrae, R. R. (1992). "Revised NEO Personality Inventory (NEO-PIR) and NEO Five-Factor Inventory (NEO-FFI) professional manua"l. *Psychological Assessment Resources* (adaptación española de Cordero, Pamos y Seisdedos, TEA, 1999).

Costa, P. T., Jr. y McCrae, R. R. (1994). "Set like plaster? Evidence for the stability of adult personality". En T. F. Heatherton y J. L. Weinberger (eds.), *Can personality change?* (págs. 21-40). American Psychological Association

De River, P. (1949). *The sexual criminal: A psychoanalytical study.* Springfield, IL: Charles C. Thomas.

Douglas, J. E., Ressler, R. K., Burgess, A. W., & Hartman, C. R. (1986). "Criminal profiling from crime scene analysis ". *Behavioral Sciences & the Law,* 4(4), 401–421.

Esbec, E., & Delgado, C. (1994). *Psicopatía y responsabilidad penal.* Madrid: Edisofer.

Eysenck, H. J. (1952). *The scientific study of personality.* London: Routledge and Kegan Paul (ed. cast.: Buenos Aires: Paidós, 1971).

Farrington, D. P., & Welsh, B. C. (2006). *Experimental criminology: Prospects for advancing science and public policy.* Cambridge: Cambridge University Press.

Farrington, D. P., Ttofi, M. M., Crago, R. V., & Coid, J. W. (2015). "Intergenerational similarities in risk factors for offending". *Journal of Developmental and Life-Course Criminology, 1*(1), 48-62.

Fattah, E. A. (1979). *Some recent theoretical developments in victimology. Victimology: An International Journal,* 4(2), 198-213.

Fattah, E. A. (1991). *Understanding criminal victimization: An introduction to theoretical victimology.* Prentice Hall Canada.

Ferrajoli, L. (2011). *Derecho y razón: Teoría del garantismo penal.* Trotta.

Ferri, E. (1933). *Sociología Criminal.* Reus.

Fox, B., & Farrington, D. P. (2012). "Multiple murder and criminal careers: A latent class analysis of multiple homicide offenders". *Forensic Science International, 183*(1–3), 67-73.

Fox, B., & Farrington, D. P. (2018). "What have we learned from offender profiling? A systematic review and meta-analysis of 40 years of research". *Psychological Bulletin, 144*(12), 1247–1274.

Fox, B., Farrington, D. P., Kapardis, A., & Hambly, O. (2020). *Evidence-Based Offender Profiling* (1.ª ed.). Routledge.

Fox, B., Farrington, D. P., & Jennings, W. G. (2020). "Examining the development of multiple homicide offenders: A latent class analysis of criminal careers". *Journal of Criminal Justice, 66,* 101637.

Fujita, G., Watanabe, K., Yokota, K., & Kuraishi, H. (2013). "Multivariate models for behavioral offender profiling of Japanese homicide". *Criminal Justice and Behavior, 40*(2), 214-227.

García-Pablos, A. (2014). *Tratado de Criminología.* 5ª ed. Tirant lo Blanch.

Garófalo, R. (1878). *Criminologia: Studio sul delitto, sulle sue cause e sui mezzi di repressione.* Torino: Fratelli Bocca. Ed. Española: Garófalo, R. (1893). *Criminología: Estudio sobre el delito, sus causas y los medios de represión* (Trad. al castellano). Valencia: F. Sempere y Compañía.

Garrido, V. (2006). *El perfil criminológico: Un estudio sobre la personalidad del delincuente violento.* Tirant lo Blanch.

Garrido, V. (2012). *Perfiles criminales: Un recorrido por el lado oscuro del ser humano.* Ariel.

Garrido, V. (2024). *El psicópata integrado.* Ariel.

Geberth, V. J. (1996). *Practical homicide investigation: Tactics, procedures, and forensic techniques* (3rd ed.). Boca Raton, FL: CRC Press.

Gendreau, P., Little, T., & Goggin, C. (2008). *A meta-analysis of the predictors of adult offender recidivism: What works!* Ottawa, Ontario: Public Safety Canada.

Glueck, S., & Glueck, E. (1972). *Delinquents and nondelinquents in perspective.* Cambridge, MA: Harvard University Press.

Göppinger, H. (1975). *Criminología.* Reus.

Gross, H. (1924). *Criminal Investigation: A Practical Handbook for Magistrates, Police Officers, and Lawyers.* London: Sweet & Maxwell.

Hazelwood, R. R., & Warren, J. I. (2004). "Linkage analysis: Modus operandi, ritual, and signature in serial sexual crime". *Aggression and Violent Behavior, 9*(3), 307–318.

Heilbrun, K. (1999). *Principles of forensic mental health assessment.* New York: Kluwer Academic/Plenum Publishers.

Herrero, C. (2007). *Criminología (Parte General y Especial).* 3ª Ed. Dykinson.

Herrero, C. (2013). *Tratado de Criminología Clínica.* Dykinson.

Hilterman, E., & Andrés-Pueyo, A. (2008). *Valoración del riesgo de violencia: Instrumentos y procedimientos de evaluación.* Publicacions i Edicions de la Universitat de Barcelona.

Hikal, W. (2013). *Criminología Psicológica.* Porrúa.

Jiménez, J. (2010). *Manual práctico del perfil criminológico.* Lex Nova.

Kaiser, G. (1988). *Criminología: Un manual de las bases de la criminalidad, de la criminalización y de las reacciones frente al delito* (Trad. de la 2.ª ed. alemana). Tirant lo Blanch.

Kernberg, O. F. (1992). *Aggression in personality disorders and perversions.* Yale University Press.

Kocsis, R. N. (2007). *Criminal profiling: International theory, research, and practice.* Humana Press.

Landecho Velasco, J. (1974). *Introducción a la Criminología y al Derecho Penal.* Reus.

Loeber, R., & Farrington, D. P. (Eds.). (2012). *From juvenile delinquency to adult crime: Criminal careers, justice policy, and prevention.* Oxford University Press.

Loinaz, I. (2017). *Manuel de evaluación del riesgo de violencia. Metodología y ámbitos de aplicación.* Pirámide.

Lombroso, C. (1902). *El hombre delincuente* (A. J. Pérez, Trad.). Librería de Victoriano Suárez.

Maalem, S., & Zemmouchi-Ghomari, A. (2017). "Hackers profiling using clustering techniques". *Procedia Computer Science, 112,* 658–667.

McAdams, D. P. y Pals, J. L. (2006). "A new Big Five: Fundamental principles for an integrative science of personality". *American Psychologist, 61,* 204-217.

Martineau, M., Spiridon, E., & Aiken, M. (2023). "A comprehensive framework for cyber behavioral analysis based on a systematic review of cyber profiling literature". *Forensic Sciences, 3*(3), 452-477.

Meehl, P. E. (1954). *Clinical versus statistical prediction: A theoretical analysis and a review of the evidence.* Minneapolis: University of Minnesota Press.

Mendelsohn, B. (1956). Une nouvelle branche de la science bio-psycho-sociale: la victimologie. *Revue Internationale de Criminologie et de Police Technique,* 10(2), 176–185.

Millon, T. (2011). *Disorders of personality: Introducing a DSM-5 model* (3rd ed.). Hoboken, NJ: John Wiley & Sons.

Mossman, D. (2000). "Assessing predictions of violence: Being accurate about accuracy". *Journal of Consulting and Clinical Psychology, 68*(2), 347–352.

Mutawa, N., Bryce, J., Franqueira, V. N. L., & Marrington, A. (2019). "Forensic investigation of cyberstalking cases using Behavioural Evidence Analysis". *Digital Investigation, 16,* 78-87.

Navas, M. P., Balmaseda, M. L., Gómez-Fraguela, J. A., & Sobral, J. (2023). "Desconexión moral y delincuencia en población penitenciaria adulta: una revisión metaanalítica". *Anuario de Psicología Jurídica, 33,* 91-99.

Otín, J. Mª. (2011). *Psicología criminal. Técnicas de intervención e investigación policial.* Lex Nova. 3ª Ed.

Otín, J. Mª (2022). *Revisión Sistemática: Instrumentos de evaluación de valoración de riesgo de violencia de uso forense en España.* No publicado.

Pervin, L. A. (1998). *La ciencia de la personalidad.* McGraw-Hill.

Petherick, W., & Brooks, N. (2021). "Reframing criminal profiling: A guide for integrated practice". *Psychiatry, Psychology and Law,* 28(5), 694–710.

Pinatel, R. (1967). *La personnalité criminelle.* Presses Universitaires de France.

Poggi, N. (2010). *Hacking Profiling Project: Towards a structured hacker profiling methodology.* Universitat Politècnica de Catalunya.

Reckless, W. C., Dinitz, S., & Murray, E. (1957). "Self-concept as an insulator against delinquency". *American Sociological Review, 22*(6), 744–746.

Redondo, S. (2017). *Evaluación y tratamiento de delincuentes jóvenes y adultos.* Pirámide.

Ressler, R. K., Burgess, A. W., & Douglas, J. E. (1988). *Sexual homicide: Patterns and motives.* Free Press.

Ribeiro, R. A. B., & Soeiro, C. B. B. D. M. (2021). "Analysing criminal profiling validity: Underlying problems and future directions". *International Journal of Law and Psychiatry, 74,* Article 101670.

Rodríguez, L. (1993). *Criminología.* 8ª ed. Porrúa.

Rodríguez, L. (2021). *Criminología Clínica.* Porrúa

Rogers, M. K. (2006). "A two-dimensional circumplex approach to offender profiling". *Journal of Digital Forensic Practice, 1*(2), 97–112.

Rossmo, D. K. (2000). *Geographic profiling.* CRC Press.

Rutter, M., & Giller, H. (1988). *Juvenile delinquency: Trends and perspectives.* Harmondsworth: Penguin Books.

Salekin, R. T., Rogers, R., & Sewell, K. W. (2010). "A review and meta-analysis of the Psychopathy Checklist and youth psychopathy: Implications for mental health and legal practice". *Law and Human Behavior, 34*(1), 1–22.

Sarrat, T., & Scott, L. (2025). "The evolution of criminal profiling: From early behavioral studies to modern AI-driven approaches". *Journal of Investigative and Forensic Sciences, 12*(1), 45–67.

Shinder, D. L., & Cross, M. (2008). *Scene of the cybercrime: Computer forensics handbook* (2nd ed.). Syngress.

Shye, S. (1985). "The system of action and the structure of motivation: Toward a theoretical unification of behavior and personality". En S. Shye (Ed.), *Faceted analysis of action and cognition* (pp. 21–54). Academic Press.

Silva Sánchez, J.-M. (2018). "Peligrosidad criminal y pronóstico de la reincidencia". *Revista de Derecho y Criminología,* 1(18), 45-68.

Snook, B., Eastwood, J., Gendreau, P., Goggin, C., & Cullen, R. M. (2007). "Taking stock of criminal profiling: A narrative review and meta-analysis". *Criminal Justice and Behavior, 34*(4), 437-453.

Snook, B., Cullen, R. M., Bennell, C., Taylor, P. J., & Gendreau, P. (2008). "The criminal profiling illusion: What's behind the smoke and mirrors?" *Criminal Justice and Behavior,* 35(10), 1257–1276.

Soto Castro, J. E. (2014). "La investigación psicológica de los delitos violentos: El método V.E.R.A". *Psicopatología Clínica, Legal y Forense, 14,* 51-78.

Sotoca, A., González, J. L., y Halty, L. (2019). *Perfiles criminales. Principios, técnicas y aplicaciones.* Síntesis.

Sánchez, J. (2012). *Manual de clínica criminológica. Perfil de peligrosidad criminal.* Tecnos.

Torres, A. N., Boccaccini, M. T., & Miller, H. A. (2006). "Risk of violence and the accuracy of clinicians' predictions: A meta-analytic review". *Psychological Services, 3*(2), 93–105.

Trujillo, P. (2005). *La historia clínica criminal.* Ariel.

Turvey, B. E. (1999). *Criminal profiling: An introduction to behavioral evidence analysis.* Academic Press.

Turvey, B. (2012). *Criminal profiling: An introduction to behavioral evidence analysis* (4th ed.). Academic Press.

Turvey, B., & Petherick, W. (2010). *Forensic victimology: Examining violent crime victims in investigative and legal contexts.* Academic Press.

Tzanetakis, M., & Niederer, S. (2020). "Cybercrime offender profiling: Challenges and perspectives". *European Journal of Criminology, 17*(6), 743–761.

Von Hentig, H. (1948). *The criminal and his victim: Studies in the sociobiology of crime.* Yale University Press.

Zaffaroni, E. R. (2017). *Derecho penal y control social.* Ediar.